ドイツ誕生
神聖ローマ帝国初代皇帝オットー1世

菊池良生

講談社現代新書

2685

はじめに

ドイツ帝国の変遷

オットー大帝のことを書く。ところでオットー大帝とは誰か？「ドイツを作った男」である。

とは言ってもぴんと来ないだろう。そもそもオットーはドイツという国はおろか、ドイツという言葉すら存在していなかった十世紀の人物である。それがなぜ「ドイツを作った男」となるのか？　それをこれから説明していこう。

思えばドイツは第二次世界大戦後、ナチス・ドイツの犯した蛮行に対して何十年にもわたって謝罪を重ね、一方でヨーロッパ連合（EU）の拡充に邁進してきた。その結果、いまやドイツはEUの盟主におさまっている。さらに二十一世紀の現在、ヨーロッパにおいてドイツ経済は一人勝ちであると言ってよい。

この現状をみれば、ドイツは第二次世界大戦後、ひたすらに反省の意を示すと同時に勢力を伸ばし続け、最終的には再び「帝国」を復活させたと捉えることができる。現在の隆盛をみると、ドイツ第四帝国が樹立されたとも表現していいかもしれない。

むろん第四というからには、それ以前にもドイツ帝国があったはずである。直近で言えば、ナチス・ドイツが第三帝国にあたる。そして第二帝国は一八七一年、プロイセンを中心にしてドイツ再統一を果たしたドイツ帝国を指す。この第二帝国は一九一八年、第一次世界大戦の敗北により崩壊した。

さらに遡《さかのぼ》ったドイツ第一帝国は、いつの時代を指すのか。それこそが九六二年に発足し一八〇六年に終焉が宣言された神聖ローマ帝国である。その神聖ローマ帝国の初代皇帝というのが、他ならぬオットー大帝なのだ。

捕鳥王の次男として

だが、先にも触れたとおりオットーは十世紀に生きた人間である。その頃はドイツというナショナルな概念はまだ微塵《みじん》も存在しなかった。それが証拠に神聖ローマ帝国という国号にはドイツという文言が入っていない。ちなみに神聖ローマ帝国という国号が正式に「ドイツ国民の神聖ローマ帝国」となったのは一五一二年、皇帝マクシミリアン一世の時のことである。

そういうわけでオットーがドイツを作った男と位置づけるには、さらに歴史的な経緯を詳述する必要がある。

そもそもオットーは神聖ローマ帝国の皇帝に即位する前、東フランクの王であった。東フランク王国とは、かのカール大帝が樹立したフランク大帝国が分裂して生まれた後継部分王国のひとつである。

この東フランク王国の領域が現在のドイツ、オーストリアにほぼ重なる。それゆえ東フランクはやがてドイツ王国の源流となっていく。

東フランク王国の初代国王はカール大帝の孫ルートヴィヒ二世である。東フランクという国号は、このルートヴィヒ二世が自ら名付けたものだ。以後、東フランクは分裂と再統一をくり返す。そしてルートヴィヒ二世の曾孫《ひまご》にあたるルートヴィヒ四世幼童王を最後にカール大帝の血筋は消え、いわゆるカロリング朝が断絶する。

その後、カール大帝と同じフランク族の豪族コンラディン家のコンラート一世が東フランク王となるが、これも一代限りで王朝が交代する。

代わりに王となったのは、当時としては辺境（現在のドイツ東部）にいたザクセン族出身のハインリヒ一世捕鳥王である。このハインリヒ一世の次男こそが、本書の主人公であるオットー一世なのである。

オットーは父の死を受け、九三六年に東フランク王に就いた。そしてそれから二十六年後の九六二年二月二日、ついにローマのサン・ピエトロ大寺院で教皇ヨハネス十二世の手で皇帝の戴冠を受ける。それはオットーが、東フランクという限られた領域から無辺の帝国への道を突き進んだ結果だった。

オットーが歩んだ皇帝への道

オットーの「皇帝への道程」で、東フランクは次第にアイデンティティを獲得していった。事実、オットー一世、二世、三世、ハインリヒ二世とオットー朝（ザクセン朝）の歴代皇帝の戴冠が続き、十一世紀を迎えたあたりから東フランク王国はドイツ王国と呼ばれるようになる。

つまり、そこでドイツという言葉が生まれたのだ。そのきっかけとなったのは、紛《まぎ》れもなくオットー大帝だった。その意味で、やはりオットーは「ドイツを作った男」なのである。

ではオットーとはどんな男だったのか？　その素顔に迫るのは容易ではない。中世は為政者の人物像を描き出す史料が乏しいからだ。同時代人が王侯らの人物像を積極的に語るようになったのは、せいぜい十四〜十五世紀あたりからである。

これまで世に出された多くのオットー伝の元になっているヴィドゥキントの『ザクセン人の事績』（三佐川亮宏訳）は、オットーのがっしりした体格、明るい頭髪、赤みを帯びた輝く目、壮年期のせかせかした足取りと、晩年のゆったりとした歩み等々を報告している。だが言ってしまえばそれだけで、全体像をはっきりと映し出してはいない。

文書以外の資料に目を向けても、彼の人物像はなかなか浮かび上がってこない。そもそも当時は肖像画というものがなかった。貨幣にはオットーの相貌が刻まれているが、それでもオットーが皇帝戴冠以降は先細りのひげを蓄え、髪を短く切っていたというくらいの情報しかない。

ならばどうするか。ここはオットーの「皇帝への道程」を探って、オットーのその都度の内面を推し量り、彼の人物像を結ぶしかない。

本書はまず、古代ローマの五賢帝時代からローマ帝国の東西分裂、カール大帝のカロリング朝勃興、その後に誕生した東フランク王国の歴史を振り返る。そして東フランク王に就いたハインリヒ一世の足跡と、父から王位を受け継いだオットーの生涯を追っていく。オットーが神聖ローマ帝国の皇帝に上り詰めたプロセスを丹念に辿《たど》ることで、多民族の集合体である世界帝国を志向した男が、図らずもドイツという民族国家を作った男となる経緯を明らかにする。

そこから浮かび上がるのはオットー大帝の戦いにまみれた苛烈な人生と、「国家」が誕生していく数奇な巡り合わせである。

オットー家・家系図

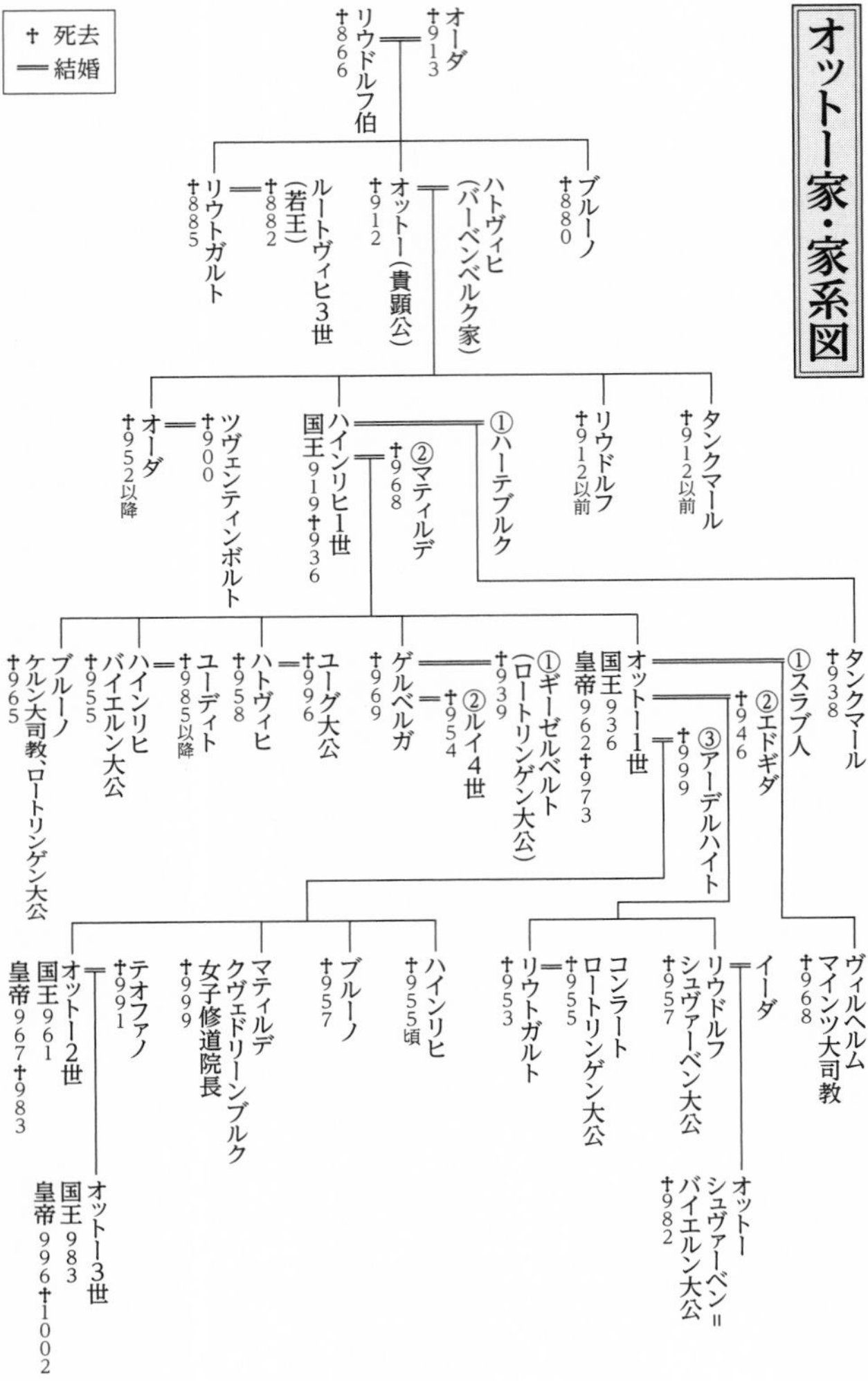

①〜③の数字は、複数回結婚している場合のその順番を示す。

972年 オットー大帝最盛期の東フランク版図

目次

第一章　五賢帝時代からハインリヒ一世の登場まで

血みどろのヨーロッパ

一九三九年八月二十三日、「独ソ不可侵条約締結！」のニュースが流れ、世界中に激震が走った。スターリンと手を組んだヒトラーはこれを「悪魔を倒すために魔王と結んだ条約」と言い放った。言いも言ったりである。しかしこの「敵の敵は味方」の論理はヨーロッパでは別に珍しくも何ともない。

ヨーロッパ大陸は地球の全地表のわずか七パーセント弱に過ぎない。これに対してアジア大陸は三〇パーセントを占めている。つまりヨーロッパとは「広大なアジア大陸にくっついたちっぽけな半島に過ぎない」というわけである。しかし険阻《けんそ》なアルプス山脈を除けば、だいたいがなだらかな地形で人が分散して住むことができる。それゆえこんな狭い地域に言語、習慣も異にする大小四十ヵ国がひしめき合うことになる。しかもまだ近代的国家概念などなかった中世では、今日のドイツやフランスやイタリアなどは内部が各部族に分かれ、離合集散を繰り返し、血みどろな戦いを繰り広げていたのである。

その部族とはおおむねゲルマン民族の各部族である。ゲルマン民族は何よりも名誉と勇気を美徳とした。この部族社会では人を殺して、その遺体を臆病にも隠蔽したものだけが殺人者の汚名を着ることになる。遺体を公然と転がし、復讐に備えるものは殺人罪ではなく傷害致死罪として罰せられた。なにしろ強盗は被害者の前に顔を晒《さら》すので窃盗より罪が軽いという社会である。まったくどこもかしこも匹夫《ひっぷ》の勇だらけであった。

しかしよく考えてみればこれは何もゲルマン系に限ったことではない。例えばビザンツ帝国（東ローマ帝国）の歴史を瞥見《べっけん》するだけで目をそむけたくなるようなおどろおどろしい権力闘争が目白押しである。要するにヨーロッパ全体がそうなのだ。

だからこそ「ヨーロッパ人は根っからの戦士である。彼らは敵に勝ち、殺し、その肉を食らい、その血を飲みたいという欲望を知っている。この欲望を『文明化』したのが聖体拝領、ミサの生贄《いけにえ》だ」（フリードリヒ・ヘール、杉浦健之訳『われらのヨーロッパ』）という言辞も極論に思えなくなるのだ。

こんな伝統と習慣を受け継いできた連中のことだ、やることがえぐいはずである。考えてみれば「独ソ不可侵条約」などはヨーロッパの歴史では日常茶飯事であった。

人類最良の日々

しかし、いかにヨーロッパといえどもずっと殺戮《さつりく》に明け暮れていたわけではない。そんなことを続けていれば共倒れになること必定である。そこで人々はこうした「万人の万人に対する戦い」に歯止めをかける手立てを講じる。平和ネットワークの構築である。

その見事な成功例が「ローマによる平和」（「パックス・ロマーナ」）の確立である。それは史家エドワード・ギボンが「人類最良の日々」と絶賛した古代ローマ帝国の「五賢帝時代」のことだ。時代にして西暦九六年から一八〇年までのことである。「人類最良の日々」とは「昔はよかった」式のいささか大げさな表現で、多数の異論が噴出しているが、この「ローマによる平和」が後世のヨーロッパ人に与えた影響がすこぶる大きかったことは間違いない。その後、戦乱にあけ暮らすことになるヨーロッパ人から見ればこの平和は憧憬の的になった。こうして人々は古代ローマ帝国を理想郷とみなすのだ。この辺は我々にはよく理解できないところである。

そう言えば司馬遼太郎も驚いている。作家がドイツのケルンを訪れたときのことだ。作家は「案内のドイツ人が『この町はローマの植民地《コロニア》だったんです。地名のおこりもそこからきています』と情熱的に――お国自慢として――語ったことが私を驚かせた。むろん、驚いたりするのは、ローマ文明に不感症の私の蛮性によるものである」とヨーロッパ人のある種の執念深さに多少、苦笑している。そして「フランスは、シーザーによって面として占領されていたことが、のちのフランス中華思想ともいうべき自負心のもとになった…（中略）…それに対し、ローマ軍によって、点としてしか占領されなかったドイツの場合、これをフランスの視点からみれば、どこか田舎くさくみえるようでもある」（『街道をゆく・愛蘭土《アイルランド》紀行』）と感懐を述べている。

さらには長らくスペインに居を構え仕事をしてきた作家堀田善衛も半ば呆れ気味に述懐している。それは堀田がスペインの建築家アントニオ・ガウディの自分は「こちら側」のスペインに生まれたと自分の出自を誇った文に触れたときのことである。ガウディの言う「こちら側」とはローマに近い、という意味である。これを読んで堀田は「西欧文明の基盤としてのローマ帝国という歴史的存在に、自己の地理的、あるいは文化文明上の、従って政治的なアイデンティティを求めるという考え方が、これも厳として存在していることを知らしめられるのである。あえて類推をすすめるとすれば、十六世紀にいたってまでも、いまだに神聖ローマ帝国皇帝などという称号にこだわろうとする西欧人の歴史的背景をうかがわしめるものがそこにうかがわれるであろう」（『情熱の行方』）と語っている。

カール大帝のフランク大帝国

まさに古代ローマ帝国の栄光はヨーロッパ人の意識に深く根を下ろしているのだ。そしてその後のヨーロッパ人はこの古代ローマ帝国の再建を目指して、それがまるで平和確立のためだと言わんばかりに互いに一歩も譲らぬ戦いに狂奔しているかのようであった。

思えば帝国とは必然的に世界帝国であらねばならない。法律も習慣も異にする複数の国家の連合体である複合国家の世界版である。世界が一つになるからこそ戦乱が止み平和が訪れるのだ。ネルワ、トラヤヌス、ハドリアヌス、アントヌウス＝ピウス、マルクス＝アウレリウスの歴代五人の皇帝はそれを成し遂げ、「五賢帝時代」を創出したのである。

もちろん世の常で最良の日々は長続きしない。だからこそ最良なのだ。

かくして五賢帝時代は八十五年で終わった。そしてローマ帝国は混迷に陥った。その後、キリスト教大迫害で知られるディオクレティアヌス帝や、ややあって今度はキリスト教を初めて公認したコンスタンティヌス大帝らの辣腕《らつわん》で一時は盛り返すが、時の趨勢《すうせい》はどうしようもなく、ローマ帝国は東西に分裂した。そしてそのうち西ローマ帝国は五世紀後半に滅亡した。西ヨーロッパは群雄割拠となり血みどろな戦いが繰り広げられる。

そして五世紀末に旧ローマ属州のガリアに興ったフランク王国が次第に版図を広げ、メロヴィング朝からカロリング朝への王朝交代を経て、九世紀にはイベリア半島を除く西ヨーロッパのほぼ全域を統一することになる。

こうして八〇〇年十二月、フランク王カールが皇帝に即位した。人々はカール大帝のフランク大帝国を西ローマ帝国の復活と捉え、平和の到来を寿《ことほ》いだ。

しかし一点だけ違う。カール大帝は古代ローマ帝国の歴代皇帝とは違い、ローマ教皇の手による戴冠を受けて皇帝に即位したのだ。つまりカール大帝の帝国は帝権の根拠をキリスト教に求めた紛れもないキリスト教帝国であったのである。以降、ヨーロッパは少なくとも宗教改革までキリスト教という一つの大きな共通項で括《くく》られていく。それゆえこの時にヨーロッパのアイデンティティが確立されたと言われるのである。

だが、またしかしである。カール大帝の大帝国は半世紀と持たず、中部フランク、東フランク、西フランクの部分王国に分裂し瓦解した。そしてその各部分王国でカール大帝のカロリング家の血筋が絶えていくか、あるいは土着の部族勢力の台頭で求心力が失われ、部分王国にそれぞれの特殊性が醸成されていく。こうして中部フランクは後のイタリア、東フランクはドイツ、西フランクはフランスの骨格を形作ることになる。

部分王国の支配者たちはカール大帝のカロリング朝の正系を任じて、帝国というインターナショナルな政体の復活を目指し、血で血を洗う戦いに没頭したのである。そんな彼らのエネルギーの源泉は領土欲である。一寸の土地に命を懸けて世界を支配するというわけである。こうしてヨーロッパは十世紀になっても戦乱が絶えることはなかった。そんななか、東フランクに転機が訪れる。

オットーの父、ハインリヒ一世が王の座に就いたのだ。

オットーの神聖ローマ帝国皇帝戴冠は、元を辿れば父ハインリヒ一世の入念な地ならしがあったからこそ切り開かれたものだった。その意味で、すべての物語はハインリヒ一世がリウドルフィング家として初めて東フランク王に即位したところから始まる。九一九年、ハインリヒ一世はドイツのヘッセン州北部のフリッツラーで国王即位式を執り行った。だが、そこでハインリヒはマインツ大司教ヘリガーによる塗油《とゆ》を「十分である」と辞退した。

キリスト教王国の王として塗油は支配の正当性を証する必須アイテムである。塗油を受けることで王は「神の代理人」としてこの世を支配するのだ。カール大帝のフランク大帝国の後継部分王国である東フランク王国とは、もちろん紛れもなくそのキリスト教王国であった。それなのにハインリヒはなぜ辞退したのか？

実を言えば、この時のハインリヒの塗油辞退の「十分である」という言葉には、国王に即位できたことだけでも望外のことで、この上、塗油を受けて「神の代理人」となることはおこがましい限りだ、というニュアンスがこめられていたのだ。

なぜそこまで謙遜する必要があるのか？　これには当時の東フランク王国の状況が深く関係している。

メルセン条約による三分割

ハインリヒが国王に即位した東フランク王国とは、カール大帝の築き上げたフランク大帝国がヴェルダン条約（八四三年）、メルセン条約（八七〇年）により東、西（西フランク王国）、中部（イタリア王国）に三分割された部分王国のひとつである。「はじめに」でも触れたように、東フランク王国の祖はカール大帝の孫であるルートヴィヒ二世ドイツ人王である。

ここで一言注意。「太陽王」、「禿頭王《とくとう》」、「大胆侯」、「強健侯」、「賢侯」、「狡猾侯」、「文無し侯」等々とヨーロッパ史に頻出する王侯のあだ名は大多数が後世につけられたおくり名のようなものである。なにしろ「ルイ十八世」といったように同じ名前が果てしなく続くので区別するためにその王侯の特徴を識別記号にしたのである。ルートヴィヒ二世ドイツ人王というのも後世につけられたあだ名で、ルートヴィヒ自身には「ドイツ人王」という意識は微塵もなかった。そもそも彼の時代にはドイツ人という言葉は存在していなかったのである。

そんなルートヴィヒ二世ドイツ人王の死後、王国はカロリング朝の伝統に倣《なら》い、長男カールマン、次男ルートヴィヒ三世（若王）、三男カール三世肥満王に三分割された。ところが次男、三男はいずれも嫡子を残さず、結局、東フランクは長男カールマンの庶子であるアルヌルフのもとで再統一される。アルヌルフの死後、共同国王であった彼の長庶子であ

フランク王国の変遷

ヴェルダン条約（843年）

メルセン条約（870年）

るツヴェンティンボルトは廃嫡され、東フランクはルートヴィヒ四世が受け継いだ。このとき彼はわずか六歳で、ついたあだ名が幼童王である。

むろん幼童王は政務を執ることはできない。マインツ大司教ハットー（ヘリガーの前任者）をはじめとする各司教、母の実家であるコンラディン家、亡き父アルヌルフに近かったルイトポルト家の輔弼《ほひつ》を受けることになる。

ところが幼童王は九一一年、十七歳で夭折。嫡子はいない。すでに没していた彼の異母兄ツヴェンティンボルトもまた嫡子を残していない。ここに東フランクのカロリング家は断絶したことになる。後継はどうするか？

この時、西フランク王国はカロリング家の正系シャルル三世単純王が統治している。単純王は先例に従い東フランク王家の断絶を機に、東フランクを吸収しようと試みるが東フランクの貴族たちはこれを拒否し、自分たちで新王を選ぶことにした。それにシャルル三世単純王は西フランク王国内のごたごたの対応に手いっぱいでそれどころではなかった。

中世ヨーロッパで頻発した私闘

幼童王の死後、ザクセン族の大立者オットー貴顕公（リウドルフィング家）が新国王の候補に上ったと言われている。ハインリヒ一世の父である。しかし貴顕公は高齢（推定六十歳）を理由に辞退し、逆にコンラディン家のフランケン公コンラートを新王に推挙したという。コンラートは幼童王の異母姉の子で幼童王の年上の甥にあたる。これにマインツ大司教ハットーも賛成し、結局、コンラート一世が新王となる。幼童王が九一一年九月二十四日に亡くなってからわずか七週間足らずのことである。これは新王選出に際して西フランクからの介入を許さぬという東フランク貴族たちの決意の表れであったかもしれない。ちなみに貴顕公は翌九一二年十一月三十日に没しているので、彼の国王辞退は無用な混乱を起こさずに済んだ的確な判断であったということになる。

貴顕公がコンラートを国王に推挙したからといって、貴顕公のリウドルフィング家とコンラートのコンラディン家との関係が良好であったというわけではない。むしろ逆である。貴顕公の妃でハインリヒ一世の母ハトヴィヒはバーベンベルク家のオストマルク辺境伯ハインリヒの娘である。そしてこの頃、同家は新王家となったコンラディン家と同じくフランケンを地盤にしており、両家は血みどろな私闘を繰り返していた。

ところで私闘とは何か？

強大な公権力が欠如し、裁判も機能しなかった中世ヨーロッパでの治安形態はずばり自力救済であった。「中世の政治・社会秩序は反抗＝復讐を前提として成り立つ。その構成員相互の抑制と均衡という性格を強く持つから、場合によっては自力で戦うことはむしろ法と秩序を守る行為であった」(山内進『掠奪の法観念史』)のである。

こうして中世ヨーロッパでは紛争解決の方法として裁判に拠らぬ実力行使である私闘(フェーデ)が猖獗《しょうけつ》を極めるのである。私闘は自らの名誉と権利をかけた戦いであり、倫理的義務ですらあった。貴族たちは与えられた私闘権により紛争を繰り返していた。たとえ裁判になっても、証拠と証言がそろわないときは、当事者同士の決闘で決着を図るという決闘裁判(山内進『決闘裁判―ヨーロッパ法精神の原風景』)もまた私闘権行使の一つであったのだろう。いずれにせよ「神は正しいものに味方する」というこの一種の神明裁判はヨーロッパ中世ならではのものであった。

こうして、一族の名誉と利害をかけたコンラディン家とバーベンベルク家の私闘は大っぴらにかつ陰惨に行われていたのだ。

幼童王の時代の九〇二年、コンラディン家はバーベンベルク家を攻め同家の当主アーダルベルト(彼の姉、あるいは妹がハインリヒ一世の母ハトヴィヒである)の弟ハインリヒを戦死させた。するとアーダルベルトはその報復に九〇六年、コンラート一世の父である大コンラートをフリッツラーでの私闘で殺害した。次はコンラディン家の番である。同家はマインツ大司教ハットーを使ってアーダルベルトを騙し幼童王に引き渡し処刑させている。

両家の私闘は幼童王を手中に収めたコンラディン家が凱歌を上げ、バーベンベルク家は家名の由来ともなった父祖伝来の地バンベルクを去ることになる。その後、同家は十三世紀に断絶するまで辺境のオーストリアを領有し、同地をドイツ有数の公爵領に発展させている。そしてハプスブルク家がここを領有し、以降、七百年にわたって君臨し続けた。

さて、オットー貴顕公はこの両家の争いの際、当然のことながら妻の実家であるバーベンベルク家に味方している。というわけで貴顕公のリウドルフィング家とコンラート一世のコンラディン家の関係が良好なわけではなかった。

それが証拠にコンラート一世は貴顕公の死後、跡継ぎのハインリヒ一世がザクセン公に就くことを拒んだ。それどころか彼は今や側近となったハットーに命じてハインリヒ一世を暗殺しようとさえしたのである。しかしその話は後述。

それよりもカロリング王家の断絶の後、カロリング家どころかフランク族でもないザクセン族のオットー貴顕公が一時ではあるがなぜ東フランク王国の新王に擬せられたのかを見なければならない。そもそも貴顕公のリウドルフィング家とはどんな一族なのか？

さて、ここからヨーロッパ史の常でともかく同じ名前がこれでもか、これでもかと頻出するので、同名異人にはよくよく注意されたい。

公・侯・伯・子・男の爵位

リウドルフィング家の祖は貴顕公の父でハインリヒ一世の祖父に当たるリウドルフ伯である。リウドルフィングという家名は「リウドルフの子孫（・・・イング）」という意味からきている。家祖はリウドルフであり、それ以前は史料的に遡ることができない。つまり、リウドルフィング家は新興貴族であったということだ。ちなみにカロリング家の前のフランク王国の王家であったメロヴィング家の家名は伝説的始祖メロヴェを起源としている。となればカロリング家も「カール大帝の子孫」を意味していることになる。

いずれにせよ、これらの家名は後世による後付けである。ヨーロッパの王侯が自らの家門名を名乗るようになったのは十二〜十三世紀になってからの話である。

後世の史家はリウドルフ伯を「東ザクセン公」、あるいは「ザクセン公」と表示するが、カロリング朝の時代、ザクセンは公爵ではなく伯爵によって統治されていた。強大な地方権力が辺境の地ザクセンに生まれるのを嫌ってのことである。

それでは公爵と伯爵とはどう違うのか？

公・侯・伯・子・男と言われるヨーロッパの爵位はその起源がさまざまである。王国や時代によっても違いがある。以下、主としてフランク王国のそれに沿ってかいつまんで説明してみよう。

まず公爵だが、古代ローマ帝国の軍団長が起源と言われている。公爵をドイツ語でヘルツォークと言うが、このドイツ語は軍隊を意味する「ヘール」と「(引っ張って)移動させる」という動詞の「ツィーエン」から出来上がっている。まさしく公爵とは地方部族の兵を率いる武人族長であった。それが時の王権に臣従し、改めて公爵という官職を得たのである。それだけに公爵は王権には常に面従腹背であった。それどころか公爵という官職を一門の世襲として、隙あらば王権からの自立を狙っていた。

王権にとって剣呑《けんのん》な存在である公爵層をカール大帝は圧倒的な軍事力でねじ伏せ、多くの公爵領を細分化させた。そしてそこに軍事と民政を司《つかさど》る官職として伯爵を置いたのである。こうして大帝のフランク大帝国には五百の伯爵領が生まれたのだ。しかし任命された各伯爵たちは大帝の亡き後、伯爵位を世襲化することで土着勢力となり、なかには複数の伯爵領を統合し、新たに広大な公爵領を形成するものまで現れたのである。

これら数多《あまた》の伯爵領のうち辺境に置かれたのが辺境伯領である。辺境であるがゆえに異民族と直接対峙する。辺境伯は国境を警備するという重要な使命を帯びているのだ。当然、並の伯爵より位は一段高くなる。国によってはこれら辺境伯を侯爵と呼んでいる。

次に子爵だがこれは副伯爵である。イタリア語でヴィスコンティである。そしてこの官職名をそのまま家名としたのが、イタリア・ルネッサンス期にミラノ公に上り詰めた後、傭兵隊長スフォルツァ(菊池良生『傭兵の二千年史』参照)に公位を追われた、かのヴィスコンティ家である。不朽の名画『ベニスに死す』で知られる映画監督ルキノ・ヴィスコンティはこの一門の末裔《まつえい》だと言われている。

爵位の最下層である男爵は一人前の男、つまり自由民といった意味らしい。

ともあれ、ここの文脈で大事なことはザクセンが公爵ではなく多くの伯爵によって分割統治されていたということである。

なにしろカール大帝はザクセンを平定しキリスト教化するのに三十年以上も費やしている。ザクセン族のリーダーであるヴィドゥキントが大帝に降伏し、現フランスのアティニーで改宗したのが七八五年だが、残りのザクセン族の抵抗はなお続き、八〇四年になってようやく世に言うザクセン戦争は終結した。それからまだわずか一世紀しかたっていない。戦いの余燼《よじん》はまだまだあちこちにくすぶっていた。

リウドルフはフランク族の族長ビルングの娘オーダと結婚し、ザクセンでのプレゼンスを高めた。これが八三六年頃と推定されている。そして彼はルートヴィヒ敬虔《けいけん》王の死後、三人の息子が相続を巡って争ったフランス北中部の「フォントノワの戦い」（八四一年）でカロリング家のルートヴィヒ・ドイツ人王に味方したことにより、ザクセン伯に任じられた。さらに彼は娘リウトガルトを東フランク王ルートヴィヒ三世（若王）に嫁がせることで東フランク王家の外戚の地位を得た。若王は父ルートヴィヒ二世ドイツ人王からフランケン、チューリンゲン、ザクセンを相続していたので、リウドルフィング家にとってこの結婚はさらなる飛翔のばねとなった。

つまりリウドルフィング家は自分たちの権威の光源をカロリング家に求めたのである。同家にとってカロリング家とのつながりこそが、最重要課題であった。カロリング家との離反などは絶対にあってはならない。特にハインリヒ一世は東フランク王国で即位した歴代諸王の中で唯一フランク族に属していなかったため、なんとしてもカロリング朝との連続性を示す必要があったのだ。だからこそ彼は後にカール大帝の後継者を任じ、ザクセン人でありながら「フランク人の王」と自称しているのだ。

コンラディン家との格差が広がる

カロリング王家の外戚となったリウドルフは、いくつかの史書が書いているように事実上の公爵となった。彼の後を襲ったオットー貴顕公は、娘オーダ（祖母と同名）を国王アルヌルフの庶子で共同国王であったツヴェンティンボルトに嫁がせ、外戚の地位を固めた。ところが外戚と言えばリウドルフィング家のライバルであるコンラディン家の方が一枚も二枚も上手であった。

コンラディン家は庶出ながら国王アルヌルフの長女クリスムートを大コンラートの嫁に

もらう。彼女は後の東フランク王コンラート一世の母となる。さらに同家は一族の娘オーダ（ここでも同じ名前）を国王アルヌルフに嫁がせている。彼女はアルヌルフの唯一の嫡出子である幼童王を産む。コンラディン家は王家と二重の縁で結ばれたのだ。

これでは勝負にならない。コンラディン家はリウドルフィング家を圧倒する。しかもコンラディン家は国王アルヌルフの宮廷での地位を笠に着て、貴顕公の妻の実家バーベンベルク家も追い詰める。貴顕公は面白くない。王家との関係も疎遠となる。そこで国王アルヌルフは懐柔のため貴顕公にフェルスフェルト修道院を与えた。

ちなみにカロリング朝では俗人に名目上の修道院長の職を与え、実際の収入は王家が取り、修道院の運営は代理の聖職者に任せることが多く、この場合もその口であった。しかし何よりも名誉が重要な時代である。オットー貴顕公は謹んで修道院長職を拝命し王家に協力の姿勢を示した。しかし幼童王の時代になると、宮廷でのコンラディン家とリウドルフィング家の影響力の差は広がる一方であった。しかも宮廷のもう一方の大立者であったバイエルン辺境伯ルイトポルトが対ハンガリー戦の際、プレスブルク（現スロヴァキアのブラティスラバ）で戦死すると、コンラディン家は幼童王を独り占めにした。

以上の経緯からあらためて考えると、幼童王が亡くなったとき貴顕公が真っ先に後継候補に挙がったという話にはいささか無理があるように思える。確かにこれを伝える史書はコルヴァイの修道士ヴィドゥキント（前出のヴィドゥキントの後裔と言われている）の『ザクセン人の事績』（三佐川亮宏訳）だけである。しかもヴィドゥキントはこの著作をオットー大帝の娘マティルデに献呈している。いわば彼の史書はオットー朝の正史と言ってもよい。だとすれば、もしかしたらこのエピソードは貴顕公の息子ハインリヒ一世の国王即位の正当性を主張する「勝者の歴史」なのかもしれない。

貴顕公の知略

貴顕公には三人の息子がいた。ハインリヒ一世は三男である。彼は最初、メルゼブルク伯エルヴィンの跡取り娘ハーテブルクと結婚し長男タンクマールを儲けた。ところが時のハルバーシュタット司教ジギスムントがハーテブルクは前夫と死別した後、一時、女子修道院に入っていたという理由でこの結婚を解消させた。

ハインリヒは九〇九年、ハーテブルクを離縁し、同年には西ザクセン（ヴェストファーレン）伯ディートリヒの娘マティルデと再婚し、本書の主人公オットー大帝を頭に三男二女を儲けている。そしてハインリヒは最初の妻ハーテブルクを離縁する際、彼女がもたらした莫大な婚資をいずれ長男タンクマールに相続させるという理由で返還しなかった。ちなみにそのタンクマールは父と母の結婚が無効とされたために庶子となり、世継ぎの地位を失った。これが後に彼の代わりに世継ぎとなった異母弟オットー大帝への反乱の引き金となった。しかし、どうもおかしい。このハインリヒのあわただしい離婚（解消）と再婚の裏には何があったのか？

一説によるとハインリヒは妻ハーテブルクを嫌い、絶世の美女マティルデにぞっこんとなり、妻を放り出した、とある。しかしこの時ハインリヒは分別盛りの三十三歳。しかもリウドルフィング家の跡取りとなっている。そんな勝手は許されない。

貴顕公はハインリヒの二人の兄、長男タンクマールと次男リウドルフを相次いで亡くしている。それゆえハインリヒが跡取りとなったのだ。

そこで貴顕公は考えた。

我が家の三男坊の嫁の実家の家格はこんなものだろう。しかしその三男坊が跡取りとなったら話が違う。つり合いが取れない。貴顕公はハインリヒに妻ハーテブルクを離縁させ、新たにマティルデと再婚させた。マティルデの実家はザクセンではレジェンドとなっているあのヴィドゥキントの末裔で、ザクセン貴族から一目置かれている家系だ。おまけにこの結婚によりリウドルフィング家はマティルデの実家ヴェストファーレンに影響力を行使し、そこに隣接する地を領するライバルのコンラディン家を牽制できる。さらにはハーテブルクの莫大な婚資は返さない。まさに一石二鳥、三鳥の策である。

どうやらこの説が有力である。

コンラート一世との衝突と接近

九一二年十一月三十日、貴顕公が亡くなった。

国王コンラート一世はハインリヒが父貴顕公のフェルスフェルト俗人修道院長職を世襲することを許さなかった。コンラートはハインリヒのザクセン公就任も認めようとはしなかった。これはザクセン貴族の猛反発に遭う。彼らは国王との一戦も辞さない覚悟を見せた。そこでコンラートは側近であるマインツ大司教ハットーを指嗾《しそう》してハインリヒを暗殺しようとした。しかし、事が露見し暗殺は失敗する。首謀者ハットーは気疲れで病にかかり命を落としたとか、あるいは雷に打たれたとか、さらには脳卒中に襲われ四肢が麻痺したとかと言われているが、いずれも噂の域を出ない。

コンラートは弟のフランケン公エーベルハルトにザクセン進撃を命じた。ところがあっさり撃退された。これで「エーベルハルト、恐るるに足らず！」という評価が東フランクの貴族の間に定着した。

コンラートは九一五年、今度はみずから軍を率いてハインリヒが立て籠もるゲッティンゲン近郊のゲローネという要塞を包囲した。するとハインリヒの傅育《ふいく》役であったティアトマル伯が降伏を促すコンラートの使者を相手に弁舌さわやかにまくしたて、挙句には国王軍を退却させた、という。しかしこの話はおそらく眉唾《まゆつば》ものだろう。

　包囲失敗後、コンラートはホーエンアルトハイムで教会会議を招集したが、ハインリヒは呼ばれなかった。フランケン、シュヴァーベン、バイエルンの司教は参加したが、ザクセンの司教たちは出席を拒否した。コンラートとハインリヒの対立は激化していった。両者の関係は修復不可能に見えた。

　ところがそうはならなかった。むしろ両者は接近することになる。どういうことか？コンラートの敵はハインリヒだけではなかったのだ。シュヴァーベン、バイエルンでも反コンラートの気運が高まっていたのだ。むしろそれはザクセンよりも大きく波打っていた。それにハンガリーの度重なる侵入もコンラートの頭痛の種であった。

　ここで当時の東フランク王国の内情を見ておこう。

新部族大公領とは

　家産国家という言葉がある。国家を君主の私的財産とみなす国家形態のことで、主としてドイツ中世の領邦国家を指す言葉だ。その領邦国家とは、本書の主人公オットーが初代皇帝とされる神聖ローマ帝国が十二〜十三世紀に支配領域も今のドイツ・オーストリアに限られていくなかで、帝国三百諸侯が自分たちの領域支配を確立した小国家群のことを言う。徳川三百諸侯が支配する藩のようなものである。

藩とは、多くの百科事典の記述を借りれば徳川幕府による公称ではない。実は明治になって維新政府が諸侯を知藩事として任命したときの言葉である。それでは徳川時代各藩は自分たちの藩を何と呼んでいたのか？　ずばり「国」、「国家」である。つまり、「我が藩は〜」ではなく、「我が国は〜」であったのだ。

神聖ローマ帝国の領邦国家もその意味での「国家」であった。その「国家」が君主の私的財産であるという。であるならば君主の代替わりの時に、君主一族の都合により「国家」が分割相続されることもままあることになる。ドイツ史でよくみられる系統分裂である。しかし選帝侯領（これについては菊池良生『ドイツ三〇〇諸侯』参照）のような大諸侯「国家」が均一相続によって系統分裂していては帝国運営に支障をきたしかねない。そこで一三五六年、時の皇帝カール四世は皇帝選挙規定と帝国議会規定を定めた「金印勅書」において皇帝を選ぶ侯の領地、すなわち選帝侯領は領地非分割を原則とした。選帝侯領は君主一族の私的財産よりも公共性の高いものだというのである。

しかしこの話はヨーロッパ中世盛期のことである。中世初期は国家概念がはるかに希薄であった。公共性もへったくれもない。国家は国王の私的財産そのものであった。かくして当時の王国は代替わりの度に均一相続により国家分割が頻繁に行われていたのである。

カロリング朝でも均一相続を習慣としていた。カール大帝も父ピピン三世の死後、弟のカールマンと王国を分け合って相続している。ところがカールマンが王国分割の三年後の七七一年にランスで死去した。すると彼の寡婦ゲルベルガは幼い子供を連れてイタリアに亡命した。どうやら大帝側の策動があったらしいがよくわかっていない。ともあれ、これで大帝は弟の遺領を相続して王国の再統一を果たし、フランク大帝国を樹立する。

カール大帝の死の際、大帝の嫡子はルートヴィヒ一世敬虔王一人となっていたので、帝国分割は起きなかった。そして敬虔王の死亡時に王にはロタール一世、ルートヴィヒ二世ドイツ人王、シャルル二世禿頭王と三人の嫡子がいた。このため先述したようにフランク大帝国は中部フランク王国、東フランク王国、西フランク王国に分割されたのである。

この国家分割は封建制度の進展とともに地方分権と割拠を促した。部分王国ではそれぞれの君主に仕える土着勢力の家臣団が力をつけることになるからである。

つまり、こうである。部分王国は分割相続によって生まれる。そして家督相続は兄弟間の骨肉相食《あいは》む争いを引き起こす。兄弟はそれぞれ自分に有利に分国の線引きを画策する。武力に訴えることも辞さない。そのために兄弟は自分の家臣団を手なずけなければならない。つまり兄弟間の争いを実際に担う家臣たちに見返りを与えるのだ。こうして家臣たちは自分たちの領地の自治権を獲得し、部分王国内で己の勢力を拡充していったのである。

カール大帝は天下統一の過程で、多くの広大な公爵領をつぶし、帝国を約五百の伯管轄区に分割して統治した。ところが大帝亡き後、帝国は国家分割により混乱する。そんななか、伯爵のなかの抜きんでたものはその混乱に乗じて勝手に管轄区域を拡大し、自立性を獲得するようになった。そしていつの間にかカロリング朝以前の部族大公の地位を獲得していった。部族大公領の復活である。これが「新部族大公領」だが、この大公領はカロリング朝の分国に発しており、必ずしもかつての「部族」の定住地域と一致してはいない。それゆえ以降はこれを単に大公領と表記し、そのトップを大公と呼ぶことにする。

東フランク王国も例外ではなく、王国はこの頃になるとフランケン大公領、ザクセン大公領、シュヴァーベン大公領、バイエルン大公領、ロートリンゲン大公領が割拠する状態になっていた。ただしロートリンゲンは幼童王の死去の際、シャルル三世の西フランク王国に編入されてしまった。

土着貴族たちの反乱

さて、こういう状況のなか、新王コンラート一世は大公領が割拠する東フランク王国をどのように統治しようとしたのか。

フランケンはコンラディン家の本領地で、コンラート一世の弟エーベルハルト大公が治めていたから問題はなかった。

シュヴァーベンでは土着の貴族のリーダーであるシュヴァーベン宮中伯のエルハンガーが反コンラートに傾いた。エルハンガーの妹クニグンデはコンラートに嫁いでいる。しかしこの嫁入りは対立していたコンラートとエルハンガーの和解のための人身御供のようなものであった。ちなみにクニグンデは最初の夫であるバイエルン辺境伯ルイトポルトとの間に一人の男の子を儲けている。これがアルヌルフ悪公で、エルハンガーは甥の悪公と組んで新たに反コンラートを鮮明にしたのだ。するとコンラートはホーエンアルトハイムの教会会議でエルハンガーと弟ベルトルトの兄弟を終身刑に処した。終身刑といってもいずれは恩赦が下るものだ。ところがコンラートは九一七年、兄弟を処刑してしまった。

この国王にふさわしくない陰険なやり方に憤激したシュヴァーベンの土着貴族たちは新しくブルヒャルト（後のシュヴァーベン大公）をリーダーにしてコンラートに対抗した。これには裏でハインリヒが糸を引いていたという説がある。

バイエルンでもルイトポルト家のアルヌルフ悪公が公然と反旗を翻《ひるがえ》した。九一四年、コンラートが軍勢を率いバイエルンに進撃するとアルヌルフはハンガリーに亡命したが、バイエルンの土着貴族の多くはあくまでもアルヌルフを支持していた。

コンラートの悩みの種は地方の反乱だけではなかった。もともと彼が幼童王の死後、すんなりと後継に選ばれたのは異民族ハンガリーの侵入に対する強い指導力を期待されたからであった。ところがハンガリーは九一二年にはフランケンを、九一三年にはシュヴァーベンとバイエルンを、九一五年にはザクセンを、九一七年にはシュヴァーベンを荒らしまわり、ロートリンゲンまで進んだ。これに対してコンラートはなす術もなかった。力強い王を選んだつもりの東フランクの貴族たちはコンラートに幻滅した。

さらにコンラートは西フランクに奪われたロートリンゲン奪回の責務を負っていたが、これがとてもうまくいきそうもなかった。

こうしてコンラートがシュヴァーベン、バイエルンとの戦いに忙殺され、ハンガリーの侵略とロートリンゲン奪回に苦慮しているとき、ザクセン大公ハインリヒは友好的中立を堅持し、コンラートの信頼を勝ち得て王国内でゆるぎない地位を固めたのである。

第二次バイエルン征伐での負傷

八方塞がりになったコンラートは九一八年、起死回生を期して第二次バイエルン征伐を敢行した。しかしその戦いで彼は負傷し、あえなく撤退を余儀なくされた。傷は思いのほか深く、彼は病床に就いた。そして死期を悟った。

コンラートは嫡男に恵まれなかった。弟のフランケン大公エーベルハルトもまた嫡男を得ないでいる。それに弟はいままでの一連の戦いでそのふがいなさを満天下に知らしめている。そこで病床のコンラートは思い切った決断を下した。

自分の亡き後の東フランク王国の王位を、いつの間にか東フランクのなかで押しも押されもせぬ大立者となっていたザクセン大公ハインリヒに譲る、というのである。

九一八年十二月二十三日、コンラート一世はハインリヒを後任に指名して逝った。

このコンラートの遺言は弟エーベルハルトだけに伝えられたという説と、病床に集まった主だった親族にという説、中には弟のフランケン大公エーベルハルトの他にシュヴァーベン大公ブルヒャルト、バイエルン大公アルヌルフ悪公、ロートリンゲン大公ギーゼルベルト、要するにハインリヒを除くすべての大公がコンラートの死の床に呼びつけられたという説と史書によって異同がある。

最後の説を唱えたのはクレモナ司教リウトプランドで、彼は後にオットー大帝の命により大帝の跡取りであるオットー二世の嫁取りの交渉にビザンツ帝国の宮廷に出向いた人物で、オットー朝の中枢に深くかかわっていた。しかもこの折の体験記『コンスタンティノープル使節記』(大月康弘訳)をはじめとするいくつかの著作は、あまりにも彼の個人的感情が強すぎて客観性に欠けるというのが大方の見方だ。事実、彼の報告ではコンラート一世の死の床にロートリンゲン大公ギーゼルベルトも呼ばれたとあるが、この時、ロートリンゲンは西フランク王国に編入されていたので、これはまずありえない。ハインリヒの王位継承の正当性を主張するあまり筆が滑ったとしか言いようがないところだ。

ハインリヒ一世の国王即位

だいたい禅譲はそんなにすんなりいくものではない。禅譲する側の絶対的権力が背景になければばならない。晩年のコンラート一世はレーム・ダック状態で、とてもそんな力はなかった。事実、彼の死からフリッツラーでのハインリヒ一世の国王即位式まで五ヵ月もかかっている。中央権力の空白がこれほど続けば遠心力が働くものだ。そのためハインリヒ一世の即位式に出席したのはフランケンとザクセンの貴族と司教だけで、バイエルン、シュヴァーベンの連中は知らん振りをきめこんだのだ。

つまり新国王ハインリヒ一世のスタートは片翼飛行のようなものであったのだ。こんな時、新王が塗油を受け「神の代理人」を声高に主張すればどうなるか？　一段高い所に座し、他を睥睨《へいげい》すれば王国の分裂は必至だ。

リアリストであるハインリヒは慎重にことを進めた。彼は王としてではなくザクセン大公として他の大公と同じ地面に立つ。つまり彼は「神の代理人」ではなく、「同等者の間の第一人者」(プリムス・インテル・パーレス)に自足しようとした。

かくしてハインリヒ一世は即位式の際、「十分である」と言い、塗油を辞退したのだ。

さらに言えば、即位式の場所にフリッツラーが選ばれたのにも意味があった。フリッツラーは先述のようにハインリヒの母ハトヴィヒの実家であるバーベンベルク家とコンラート一世のコンラディン家がかつて激突した戦場である。その場にザクセンとフランケンの貴族が集結し、ザクセン公を新王に選出した。同地は和解の象徴となる。もともとフリッツラーという地名は「平和の街」を意味している。ともかくコンラート一世からハインリヒ一世への王権移行は、何が何でも平和裏にすまさなければならなかったのだ。

こんな薄氷を踏むような船出であったが、ハインリヒ一世は九三六年七月二日に没するまで結局十七年間、在位したことになる。そして終わってみればこの間、東フランクはカール大帝が残したフランク大帝国の他の後継部分王国である西フランク、イタリア、ブルグント等々に比べて抜群の安定感を見せつけることになる。

それではハインリヒはどのような形で東フランク王国を息子オットーに遺したのか。オットー大帝の事績を語る前に、まずハインリヒのそれを瞥見しなければならない。

第二章　父ハインリヒの遺産

王権強化が始まる

なかにはハインリヒ一世を「不決断の天才」と評する向きもいる。確かに彼は石橋をたたいてもなお渡らないスーパー慎重居士であったらしい。しかしやるときはやる。

まずはフランケン大公領。ハインリヒの王権はザクセンとフランケンの連立政権として発足したようなものなので、ハインリヒはフランケン大公のエーベルハルトに司教の叙任権も含めて大公領の統治を委ねることになった。カロリング朝時代、歴代東フランク国王のお気に入りの居住地であったフランクフルトもエーベルハルトに与えている。それは彼が兄王コンラート一世の死後、みずからの王位継承権を主張せず、兄の遺言に従いハインリヒに王位を譲ったことへの報償でもあった。

シュヴァーベン大公領のブルヒャルトは、フリッツラーでのハインリヒの国王即位式に欠席することで新王への抵抗の意を示した。しかし彼のシュヴァーベンでの権力基盤はそれほど盤石ではなかった。それに彼は、やはりカール大帝のフランク大帝国の後継部分王国のひとつで、現在のスイス中西部とフランスのブルゴーニュ地方東部を版図としていたブルグント王国のルドルフ二世とライン川上流のチューリヒやコンスタンツを巡って係争中であった。ただし、後に両者はイタリア問題を巡って和解し、ブルヒャルトの娘がルドルフに嫁すことになる。

ハインリヒはこのブルヒャルトの弱点を衝いた。ハインリヒはシュヴァーベンに侵攻した。ただしほとんど戦闘らしき戦闘は起きなかった。結局、粘り強い交渉の末、ブルヒャルトはハインリヒに降伏した。しかしハインリヒはフランケン同様にシュヴァーベンを直接支配することなく、ブルヒャルトの臣従だけで事を収めた。こうしてブルヒャルトはシュヴァーベン大公となる。これがハインリヒの即位後わずか数ヵ月での成果であった。

さて前述のイタリア問題とは、ブルグント王ルドルフ二世がイタリア王ベレンガーリオ一世の対立王に選ばれたことを指す。「イタリア人は常に二人の王を欲している」とは言いえて妙で、まさにイタリアは次から次に内戦を繰り広げていたのである。ブルヒャルトも今や娘婿となったルドルフ支援のためにこの内戦に首を突っ込み、九二六年四月二十九日、ノヴァラで戦死してしまった。ルドルフもイタリアからの撤退を余儀なくされた。それからルドルフはブルヒャルトとの係争中でもそうだったのだが、以前にも増して東フランクのハインリヒに頼ることになる。それが、後述するようにルドルフのハインリヒへの臣従にも等しい、世にも名高い「聖槍」の献呈に繋がるのである。

しかしルドルフがハインリヒに献呈したものはこれだけではなかった。これはルドルフもハインリヒもこの世を去った後の話であるが、ルドルフの一人娘アーデルハイトは、やがてハインリヒの嫡男であるオットーの後妻となり、そして皇妃に昇り、夫帝と共にオットー朝の礎《いしずえ》を築くのである。ハインリヒはルドルフから「聖槍」を受け取ったとき、この「聖槍」に勝るとも劣らない未来の贈り物が、我が家リウドルフィング家にもたらされることになろうとはさすがに予見できなかったことであろう。

そのハインリヒは亡きブルヒャルトに後継者がいたにもかかわらず、シュヴァーベン大公の後任にヘルマンを据えた。彼は前国王コンラート一世や現フランケン大公エーベルハルトの従弟で、この人選はコンラディン家の更なる取り込みでもあった。そしてハインリヒはシュヴァーベン貴族の不満を和らげるために、ヘルマンをブルヒャルトの寡婦レゲリンダと結婚させた。

しかしこの人事の最大の眼目は別にある。つまりハインリヒは新大公ヘルマンから聖職者の叙任権を取り上げたのである。こうしてハインリヒは大公の代替わりのタイミングを狙って彼らの特権を奪い王権を強化していったのだ。

アルヌルフ悪公の降伏

さて、時を戻して九二一年、思いのほか早くブルヒャルトがハインリヒの軍門に下ったことを知ったバイエルン大公領の貴族たちは、これに対抗すべくアルヌルフ悪公をハインリヒの対立王に擁立した。

するとハインリヒは日頃の慎重さをかなぐり捨てて電光石火、バイエルンに侵攻した。当時のバイエルン大公領の首都であるレーゲンスブルクに立て籠もるアルヌルフをハインリヒは包囲した。

アルヌルフは大した抵抗もせず降伏した。それはちょっと拍子抜けするぐらいあっさりしたものであった。仮にも対立王である。彼を担ぎ出したバイエルン貴族がよくも納得したものである。

いずれにせよここからアルヌルフとハインリヒの対立は条件闘争へと移行し、九二二年にはアルヌルフは司教、修道院長の叙任権をはじめとする諸特権を獲得したうえでバイエルン大公におさまっている。

大公に自領の王朝的支配を認める

ハインリヒは本領地のザクセンは別として、他のフランケン、シュヴァーベン、バイエルンの直接統治を諦め各大公の裁量に任せた。

そしてその裁量には司教や修道院長の叙任権も含まれている。

大教皇グレゴリウス七世と皇帝ハインリヒ四世が競演したヨーロッパ中世白眉のシーン

「カノッサの屈辱」に代表される叙任権闘争などはまだまだ先の話である。九〜十世紀、ヨーロッパでは国王、諸侯による聖職者の叙任は当たり前のように行われていた。

異教時代、各ゲルマン部族は領内に数多くの私有寺院を建立した。キリスト教化されるとこれらの寺院がそのまま私有教会、私有修道院となった。そしてそれらは設立者の私有財産とみなされていた。となればこれらを管理する司祭の人選も設立者の意のままであった。司教はこうした俗人領主の専横になにも抵抗できなかった。

教皇ザカリアスはカール大帝の父の小ピピンの時代、この悪弊を禁止した。大帝もまたいくつかの勅令でこれを支持した。だがこれらの禁令は教会法令集や勅令といった文書のなかだけでの話で実態は逆に「俗人による教会の横領」（オーギュスタン・フリシュ、野口洋二訳『叙任権闘争』）はますます進み、国王、諸侯は私有教会制の拡大解釈を繰り返しながら、ついには司教の選任権まで握ったのである。

当時の東フランクは人口五百万（三百万〜四百万という説もある）で、司教区はオットー大帝の死亡時で三十八あったと言われている。そして東フランクの軍事力は騎士供出を含めて主としてこれら司教領の経済力が担ってきた。それは軍事力全体の三分の二を占めたという試算もある。

さらにはこの頃は王は特定の首都に定住し、そこから王国を統治するのではなく、各地を巡回し支配を行っていた。いわゆる巡回王権である。数百人に及ぶ宮廷の移動には、食料供給を始めとして莫大な費用がかかる。王領地には王の宿舎である王宮を建造できるが、それ以外になると司教都市や修道院がその役割を担うことになる。もちろん教会側の持ち出しである。国王の無償招待制というやつだ。だからこそ司教領や修道院は不入の権、免税特権を持っていたのである。

とすれば司教や修道院長の叙任権は、王にとってすこぶる重要であった。それをハインリヒはここは我慢のしどころ、と各大公に与えた。つまり大公による大公領の王朝的支配を認めたのである。

ボン条約の締結

ともあれ、ハインリヒは即位わずか二年で、ザクセン、フランケン、シュヴァーベン、バイエルンをまとめ上げ、東フランクの空中分解を防いだ。後は幼童王の死の際に西フランク王国に編入されたロートリンゲンである。

かつてハインリヒの妹オーダは一時、ロートリンゲン王を名乗ったカロリング家のツヴェンティンボルトに嫁いでいる。このことからしてもロートリンゲンの帰属問題はハインリヒ王権の最重要課題であった。

それにロートリンゲン貴族の大立者ギーゼルベルトは、西フランク王シャルル三世単純王に心底服従しているわけではない。彼はあわよくばロートリンゲンを分離独立させ、自身がロートリンゲン王となることまで夢見ていた。事実、彼は一時ではあるがロートリンゲン王を自称したこともあった。ともあれ彼は自立が無理なら、せめて東フランク、西フランクのいずれが自分を高く買ってくれるかによってどちらかになびくかを決めようとしていた。ハインリヒにしてみれば付け入るスキが大いにあったというわけである。

しかしハインリヒにはその前にぜひともしておかなければならないことがあった。自身の東フランク王の正当性の確立である。東フランク王国内ではそれはすでにすんでいる。問題は隣接諸外国である。とりわけカロリング朝の正系である西フランク王シャルルが、カール大帝の血筋どころかフランク族ですらないザクセン族のハインリヒを東フランク王として承認するかどうかが鍵であった。

しかしシャルルの国内基盤は脆弱この上なかった。ノルマンの侵略を防ぎパリ防衛に成功した功績により西フランク王に上り詰めたウードは自身の死に際し、いわばカロリング家に大政奉還する形でシャルルを後継者に指名したのだが、その肝心なシャルルが寵臣政治に傾き、有力家臣団との関係をぎくしゃくさせていたのだ。特に子供のいなかった兄ウードの後、王位を継ぐこともできたロベール（後の西フランク王ロベール一世で、カペー朝を開いたユーグ・カペーの祖父）はシャルルに激しく抵抗した。そんななかでシャルルは東フランクとの関係を良好なものにし、なおかつロートリンゲンの西フランク帰属を確実なものにするべく、ハインリヒを東フランク王として認めることにした。

かくして九二一年十一月、ハインリヒとシャルルはライン川に錨《いかり》を下ろした船中で「ボン条約」を結び双方の領土保全を確認した。

宮廷内礼拝堂の重要性

だとするとハインリヒは自身の東フランク王承認の代わりにロートリンゲンを放棄したことになるのか？　さらにはこのボン条約は、そもそもカール大帝のフランク大帝国復活構想を断念したことになるのか？

後者の問いに対してはハインリヒの息子オットー大帝がやがてその行動によって答えていくことになる。

一方、前者の問いには即座に答えが出た。否、である。つまり、シャルルの王権は長く持たず、九二二年には廃位されてしまったのだ。後を襲ったロベール一世も、その次のラウール（ロベールの娘婿）もロートリンゲン（フランス語でロレーヌ）領有を主張したが、国内は安定せず、ギーゼルベルトをはじめとするロートリンゲン貴族は、西フランク頼みに足らずとハインリヒに帰順することを決めてしまった。これが九二五年。そしてギーゼルベルトは九二八年、ハインリヒにより正式にロートリンゲン大公に任命された。同時にハインリヒは長女ゲルベルガをギーゼルベルトに嫁がせた。

中世のグループ形成には同盟、忠誠、姻戚と三つのパターンがあるが、そのなかで姻戚ネットワークが最も重要であったのだ。

しかしもっと注目すべきことは、ギーゼルベルトを新ロートリンゲン大公に据える際、ハインリヒは彼からロートリンゲンにおける聖職者の叙任権を奪ったということである。これはヘルマンを新シュヴァーベン大公に任命したときと同じである。

これでハインリヒは本領地ザクセン、シュヴァーベン、ロートリンゲンの聖職者叙任権を握り、教会組織を王国の統治機構に組み入れたのである。

ハインリヒの発する公文書作成に携わる四十一人の書記のうち三十五人が聖職者であったと言われている。公文書はラテン語で書かれる。そしてラテン語のリテラシーは聖職者が独占していた。ハインリヒ自身もそうであったが、その頃の貴族の大部分は字が読めなかった。実は、本書の主人公オットーも、四十歳近くになって後の皇妃アーデルハイトと再婚するまでは、読み書きはからっきしだめであった。そんな時代である。重要な公文書の起案作成には聖職者が欠かせなかった。かくして宮廷内礼拝堂は重要な統治機関となったのである。

ともあれ、東フランク王国はこれでザクセン、フランケン、シュヴァーベン、バイエルン、ロートリンゲンの五大公領で構成されることになった。

遊牧民族ハンガリー人の苛烈さ

東フランク王国の西と南の国境は比較的安定した。次は東の国境である。

エルベ川、ザーレ川、ハーフェル川流域のスラブ諸族は、東フランクの支配に執拗に抵抗してくる。東フランクがこれを粉砕し、スラブに貢納義務を課す。ほどなくしてスラブはまたぞろ反乱の火の手を挙げる。鎮圧する。反乱が起きる。これの繰り返しである。しかし事は東フランク王国の根幹を揺るがすまでには至らなかった。

問題はハンガリーである。ハンガリー騎兵の強さに東フランクはまるで歯が立たなかった。遊牧民族であるハンガリーは東フランクに侵入するが入植しようとはしない。彼らの狙いは略奪である。しかもこれが凄まじいことこの上なかった。農産物が根こそぎ奪われ、田畑は荒れ地と化す。国が立ち行かなくなるぐらいだ。

それゆえ、ハインリヒの国王としての権力基盤の強化は、対ハンガリー政策一つにかかっていると言ってよかった。

そんなときである。九二六年、またもやハンガリーが侵入してきた。ハインリヒがオカー川流域のヴェルラの要塞に立て籠もっていた折に、ハンガリーの君侯の一人（名前不詳）が東フランク軍の捕虜となった。ハインリヒはこれを奇貨として、その君侯の釈放交渉を通じてハンガリーと九年間の休戦条約を結んだ。もちろん明らかに不平等条約である。なにしろ東フランクが撤退金と毎年の貢納金を払う代わりに、ハンガリーに休戦をお願いするという代物であった。

かつて東フランク王国と西フランク王国を再統合してフランク大帝国の一時的復活を成し遂げたカール三世肥満王は八八六年、異教徒バイキングがパリに迫ってきたとき、パリ伯ウードが前線で奮闘していたにもかかわらず、バイキングに多額の金を払いお引き取りを願った。この時、西フランクの貴族は「王たるものが神の敵である異教徒に土下座するとはなにごとか！」と激昂した。そしてやがて肥満王は廃位されることになる。

ハインリヒも同じ轍を踏むのか？　しかしそうはならなかった。

ハインリヒは九二六年十一月、ヴォルムスに宮廷会議を招集した。ザクセン、シュヴァーベン、フランケン、バイエルン、ロートリンゲンの貴族が参集した。新シュヴァーベン大公ヘルマンと後に正式にロートリンゲン大公となるギーゼルベルトも参加した。そして彼らは一致してハインリヒの示した異教徒との屈辱的休戦条約を承認し、高額な撤退金と貢納金の負担に応じることにした。それほどハンガリーの侵略は、ザクセンだけではなく東フランク全体の宿痾《しゅくあ》であったのだ。

城砦建築令の発布

この宮廷会議では、ハンガリー問題と連動して「城砦建築令《じょうさいけんちくれい》」が発布された。主要地に木と土ではなく石の壁による要塞の建築が命じられたのである。

ところがこの建築令でできたはずであろう要塞の遺跡が残っていないことから、その実態はよくわかっていない。これら要塞は立て籠もらんがための、いわゆる「逃げ城」なのか、それとも裁判と集会の場所なのか、と謎が多い。おそらくは「逃げ城」と裁判と集会の場を兼ね備えたものなのだろう。だとすれば少なくともこの要塞は、周囲約六キロから十キロまでに暮らす農民たちをいざというときに匿うことができる規模でなければならない。そして多くの戦士を常駐させなければならない。

『ザクセン人の事績』の著者ヴィドゥキントは、これらの要員は農民から選抜された農民戦士で揃えたという。彼ら農民戦士は農事を離れ要塞の主に仕える。そこでこの農民戦士は封建領主に仕える半自由民の家士《かし》（ミニステリアーレ）の前身であるとする説がでてくる。家士の一部はやがて自由民となり、騎士に叙せられ下級貴族となった。だとすれば

『逃げ城』が封建制をつくった」（田中充子『プラハを歩く』）というのもなんとなくわかるような気がする。しかし、実態は不明である。いずれにせよこの建築令は東フランクの軍事力強化の一環であった。

ハインリヒは城砦建築と並んで騎兵の編制を急ピッチで進めた。かつてカール・マルテルがアラブの騎兵に匹敵する騎兵を編制したように、ハインリヒは当面の敵ハンガリーから多くを学び取ったのである。そしてこの騎士戦力の養成は、西フランクに比べて遅れていた東フランクの封建化を促したのである。

「聖槍」の霊験

ところでヴォルムスの宮廷会議にはブルグント王ルドルフ二世も顔を出している。そして彼はその際になんとハインリヒの前に跪き、イタリアで手に入れた「聖槍」を贈呈した。これはハインリヒのブルグント王国に対する宗主権を認めたということになる。

「聖槍」とは磔になったキリストのわき腹を刺した槍で、これを持つ者は戦いで幸運に恵まれると言われている。それを手に入れたことで、ハインリヒには一種宗教的オーラが備わり、その求心力は飛躍的に高まった。

事実、「聖槍」はまことに霊験あらたかであった。

騎兵の編制を進めたハインリヒは九二九年、ヘヴェレ族、ダレミンツィ族、オボトリート族、ヴィルツ族、レダーリ族のスラブ諸族を制圧し、続いてボヘミアに攻め入り大公ヴァーツラフに東フランクの宗主権を認めさせた。ちなみにヴァーツラフは東フランク軍が引き上げると弟のボレスラフにその弱気を詰《なじ》られ殺害されてしまった。しかし彼はボヘミアのキリスト教化に尽くした功績で後に列聖され、ボヘミアの守護聖人となる。

こうしてハインリヒはスラブ諸族を相手に実戦を重ねていった。そして九三二年六月、頃や良し！　とエアフルトの宮廷会議でハンガリーとの決戦を宣言した。九年の休戦期間を三年残しての決断であった。

突然、貢納金の支払いが途絶えたことにハンガリーは激怒し、直ちに侵攻の準備にかかり、翌九三三年初頭、侵略を開始した。そして三月十五日、略奪を繰り返しながら進んできたハンガリー軍とそれを阻止しようとする東フランク軍がリアーデで激突した。世に言う「リアーデの戦い」である。しかしこのリアーデがどこなのかははっきりしない。一般にはアルシュテット南西に位置していると想定されている。

ハインリヒの大勝利であった。一説によるとハインリヒは三万六千のハンガリー人を殺したとあるが、これはおそらく誇張に過ぎるというものだろう。

ともあれ、東フランク全土は沸きに沸いた。ハインリヒは軍隊から「祖国の父、強大な支配者にして皇帝！」と歓呼された。

高まっていくハインリヒ一世の存在感

ハインリヒは「リアーデの戦い」の大勝利の余勢を駆って、今度は北の国境の画定に動いた。カロリング朝以来、長年にわたって侵略を繰り返していたデンマーク・バイキング（デーン人）の動きを止めるためである。

九三四年、ハインリヒはライン下流からバルト海に至る交易路にある都市ハイタブ（ヘゼビュー）を拠点にしていたデーン人の小王クヌーバを破り、貢納義務を課し、キリスト教への改宗を迫った。そしてデンマークとシュレズィヒ間に国境塁壁を建造し、ここをバイキングに対する防衛ラインとした。これで北方からの脅威はとりあえずは取り除かれたことになる。

九三五年六月、セダン近郊のマース河畔で東フランク王ハインリヒ、西フランク王ラウール（前王ロベール一世の娘婿）、ブルグント王ルドルフ二世による三者会談が開かれた。会談の内容は西フランクとブルグントの係争処理であった。つまりハインリヒは調停役として呼ばれたのである。そして彼はここでも粘り強さを発揮し、ラウールとルドルフの対立に終止符を打つことができた。かくしてハインリヒが率いる東フランク王国はヨーロッパにおいて抜群のプレゼンスを有することになったのである。

以上、これらハインリヒの様々な事績は、彼の子供たちにとって莫大な遺産となるはずである。しかし、遺産はこれだけではなかった。

単一相続制の導入

話は遡るが、スラブ諸族を制圧した直後の九二九年十二月、ハインリヒは祝勝会を兼ねてクヴェドリーンブルクで宮廷会議を開いた。ここクヴェドリーンブルクはハインリヒが対ハンガリー防衛のために要塞化した町で、ハインリヒ自身もたびたび滞在している。彼の死後、王妃マティルデはここに女子修道院（後の聖セルヴァティウス教会）を創設して初代院長となり、亡き夫をここの地下室に埋葬した。そして彼女自身もやがて夫の亡骸《なきがら》の横に眠ることになる。

ハインリヒはこのリウドルフィング家ゆかりの地で、同家の家法を定めた。それは王国の相続に関することであった。

かつて東フランク王国の祖であるルートヴィヒ二世ドイツ人王は、カロリング朝の伝統に従い生存中に王国の分割相続を定めた。ドイツ人王の三人の息子は少しでも自分に有利にと互いに牽制しあった。彼らの家臣団はこの権力闘争を通じてそれぞれの分国で力を蓄えていき、中間権力者として揺るぎない地位を築き、大公となっていった。彼ら大公はいまさら自分たちの存在を脅かす王国分割による分国の王を受け入れる気は毛頭なかった。こんな状況で分割相続を強行すれば混乱をきたすことになるのは必至で、王国の安定と統一は崩壊してしまう。

そこでハインリヒは王国の相続を均一相続から単一相続に切り替えることにした。言うなれば王国非分割原理の導入であった。これは王国と王家の分離であり、王国は王家の上位に存在する統一体となった。

先に九世紀のヨーロッパの王国の分割相続について書いたように（第一章）、当時は王国と王家は未分離で、王国は王家の私的財産とみなされていたのである。となれば当然ながら王国は国王の代替わりの度に分割相続され、それぞれが互いに対立することになる。そこでこの弊を除くために王国は王家の利害を超えたもっとはるかに公共性の高いものであるという考えが生まれてきたのである。これにより国家概念が萌芽し、封建制度が確立されたと言われるが、それは議論の分かれるところでもある。

さて、この時ハインリヒには四人の息子がいた。そのうち最初の結婚で生まれた長男タンクマールは、その結婚が無効とされたので庶子となり王位相続から外された。それゆえ十七歳の次男のオットーが次期国王に指名された。三男がハインリヒで九歳、四男ブルーノは四歳であった。そのうちブルーノは聖職者への道を定められ、ユトレヒト司教バルデリヒに預けられることになった。

となると三男ハインリヒ（父王と同名なので混同しないように注意されたい！）は兄オットーにもしものことがあった場合のスペアーとなる。

オットーは九二九年、父ハインリヒのスラブ侵攻に従軍した際、捕虜となったスラブ人女性との間に息子を儲けている。この子が後にマインツ大司教となるヴィルヘルムだが、庶子ということで王位継承権はない。

ハインリヒは家法制定の直後、世継ぎのオットーの縁談を進めた。相手は前イングランド王の娘エドギタである。九二九年の二人の結婚の祝宴の出席者リストにオットーは父ハインリヒと同じく「王」と表記されている。つまりこの時点でオットーは父の共同王と認知されていたのである。そして翌九三〇年オットーはエドギタとの間に長男リウドルフを儲けた。

すなわちオットーの弟ハインリヒは兄のスペアーの地位を失い、王位継承から一歩遠ざかることになった。このことがハインリヒの裡《うち》に暗い情念となってわだかまることになる。否、ハインリヒだけではない。はなから王位継承の芽を摘み取られた長男タンクマールもまた屈託を抱え込み鬱々として楽しまぬ日々を過ごしていたのである。

九三五年、エアフルトの宮廷会議で父ハインリヒはオットーを正式に王位継承者と定めた。そして彼は翌九三六年、狩猟中に脳卒中で倒れ、メムレーベンの宮殿で亡くなった。同年七月二日のことである。六十年の生涯であった。

その結果、オットーには上述のような莫大な遺産が転がり込んだ。そのうち最大の遺産でもある単一相続制導入は兄弟間の軋轢を生み、オットーに重くのしかかることになるのだ。

第三章　兄と弟の反乱

アーヘンでの国王戴冠が持つ意味

オットーの国王戴冠式は九三六年八月七日、マインツ大司教ヒルデベルトの式進行によりアーヘンで行われ、フランケン大公エーベルハルト、シュヴァーベン大公ヘルマン、バイエルン大公アルヌルフ、ロートリンゲン大公ギーゼルベルトと他の並みいる貴族や司教が参列した。戴冠式の日にち、場所、参列者にはそれぞれ重要な意味があった。

まず戴冠式の八月七日は前王ハインリヒの死の五週間後のこと。これは異例の早さだ。東フランク国王位がリウドルフィング家の世襲と決まったかのようである。むろん諸侯による国王選出というゲルマンの慣習は無視できなかった。それゆえ式を取り仕切るマインツ大司教ヒルデベルトは二千人ほどの式の参列者に「見なさい、私は今、神によって選ばれ、またかつての偉大な支配者である前王ハインリヒにより決められ、なおかつすべての諸侯によって王と定められたオットーを紹介する」と語ったのである。かくして王国は選挙と世襲がハイブリッドした世襲選挙王制となり、王は大司教による塗油を受け、「同等者の間の第一人者」ではなく「神の代理人」として君臨することになったのである。

ところでこの時、オットーは普段のザクセン風のではなくフランク風の衣装をまとっていた。カロリング朝との連続性を強調するためである。だからこそ戴冠式の場所はカール大帝所縁《ゆかり》の地アーヘンでなければならなかった。カール大帝は生前、アーヘンに宮殿教会の建設を始めた。彼の死後、その亡骸はここに納められ、教会は北部ヨーロッパ最初の大聖堂となり、「皇帝の大聖堂」と呼ばれるようになった。まさに戴冠式にふさわしい場所であった。以後、十六世紀まで三十人の国王がここで戴冠式を行っている。

アーヘンはロートリンゲン大公領内にある。ロートリンゲンは東フランクと西フランクとの間の長年の係争地であった。今でこそ東フランクに編入されているが今後どうなるかわからない。それにオットーの戴冠式のほんの約七週間前の六月十九日、西フランクではルイ四世海外王がラン（パリ遷都までのカロリング朝の首都）で即位している。またもやカロリング家の返り咲きで、ルイはロートリンゲン再獲得を狙っている。そうはさせるものか、とオットーは戴冠式の場所をアーヘンとしたのである。

オットーは戴冠式後の祝宴の差配をロートリンゲン大公ギーゼルベルトに命じた。これは新参者であるギーゼルベルトの力量と忠誠心を見極める意味もあった。忠誠心？　そう！　忠誠心である。

ギーゼルベルトだけではなく、他の三人の大公も祝宴の給仕を命じられた。全体を見るのがギーゼルベルト、エーベルハルトは食事の、ヘルマンはお酒の、アルヌルフは騎兵の手配を任されたのである。これは後の宮内四官職、侍従長、司厨長、献酌侍従、主馬頭に相当する。つまり、オットーは四人の大公を第一人者オットーの同等者ではなく、王オットーの紛れもない家臣として扱ったのである。父ハインリヒの「友誼《ゆうぎ》政策」は明確に破棄された。オットーのこの高圧的な態度に、こんなはずではなかった、と彼ら四人の大公の胸中に穏やかならざるものが走ったのは容易に想像がつくところである。

さて、この戴冠式に出席しなかった重要人物が二人いた。

オットーの母マティルデは九三六年七月三十一日、クヴェドリーンブルクに滞在していたという。同地はアーヘンから五百キロ離れたところにある。当時のことだ、一週間後の戴冠式には間に合わない。息子の晴れの舞台に母親が姿を現さない。含むところがあったとしか思えない。幾人かの年代記作者によれば、マティルデはオットーの弟ハインリヒを溺愛し、オットーには冷たく当たったという。それゆえ王となったオットーは母マティルデに誰はばかることなく冷たい仕打ちを行い、両者の間は冷え切ったものとなった。

オットーの弟ハインリヒもザクセンに留め置かれ、戴冠式には参列していない。

オットーは戴冠式のため本領地ザクセンを暫く留守にすることになる。するとその隙を狙ってスラブ諸族が不穏な動きを見せるやもしれない。そこでオットーはザクセンのナンバーツーでもあるメルゼベルク伯ジークフリートを総督に任じ、併せて弟ハインリヒを預けた。要するに監視を命じたのである。この時ハインリヒは十六歳、人好きのする気性なのかザクセン貴族には妙に人気があった。ところで兄オットーが王位を独り占めにするという単一相続制は東フランクではまだ緒に就いたばかりで、すっかりなじんだ制度ではなかった。分国をもらえぬハインリヒとその取り巻きの不満は募るばかりだ。それになんと言ってもオットー、ハインリヒ兄弟の母マティルデは弟ハインリヒを溺愛している。つまり、ハインリヒはオットーにとって剣呑な存在であったのだ。

以上、ヴィドゥキントの前掲書に拠って戴冠式の様子を紹介したが、実はこの戴冠式を報告しているのはヴィドゥキントしかいない。彼はもちろんオットーの同時代人であるが、戴冠式の時は十歳前後であると推定されている。しかも一介の修道士に過ぎず、式典に招かれることはない。この報告は伝聞に基づいたものである、と言えよう。さらに言えばこの報告には王妃エドギタについての言及が一切ない。オットーの跡継ぎであるオットー二世は九六一年、共同国王としてアーヘンで戴冠した。このとき彼はわずか六歳、当然、妃はいない。このことからヴィドゥキントによるオットーの戴冠式についての報告は、実は彼が三十六歳で見聞したオットー二世のそれの援用である、という説がある。ここでこのことを念のために言い添えておく。

独断専行の人事

「父は自分が捕獲した獲物をライオンのようにその前脚から決して放すことはしない。父は息子であるこの私にさえ獲物の一片も譲ろうとはしない」

と、オットー二世は父であるオットーを評している。これはオットーが九七二年、一家ともどもザンクト・ガレンの修道院を訪れた際のエピソードで、修道士エックハルトが伝えている。独断専行！　周囲との軋轢《あつれき》も辞さない！　こうしたオットーの統治スタイルは戴冠式直後にいかんなく発揮される。そしてそれは人事に顕れる。

オットーは即位早々、東部国境の軍事長官職である辺境伯位をヘルマン・ビルングに授けた。ヘルマンにはヴィヒマンという兄がいた。ヴィヒマンは、一族内部の序列を無視したこの人事に臍《へそ》を曲げた。侮辱されたと感じた彼は軍を勝手に離脱し反オットー陣営に走った。実は彼の妻はオットーの母マティルデの姉であった。オットーはこのことを嫌った。つまり彼は母の影響力を排除しようとこの人事を断行したのである。

オットーの親戚でもあるザクセン貴族エッカルトもこの人事に反発し、我こそが辺境伯にふさわしいことをアピールしようと独断でスラブに戦闘を仕掛け、挙句に戦死している。随分と禍根を残す人事であった。

人事問題はさらに続いた。九三七年、エルベ川中流の辺境伯ジークフリートが亡くなった。オットーは後任にジークフリートの弟ゲーロを任命した。これに対してオットーの異母兄タンクマールが猛反発した。タンクマールにしてみればこの地域は亡き母ハーテブルクが父ハインリヒに嫁いだ時の婚資で、自分がそれを相続し辺境伯についてしかるべきであるというのだ。異母弟に王位を奪われた形のタンクマールの暗い情念はこの人事でさらに倍増した。そんなときである。フランケン大公エーベルハルトとザクセン貴族ブルーニングとの間に争いが起きた。私闘である。私闘は貴族の権利であり、王権といえどもみだりに介入できない。

エーベルハルトはヘルメルンと呼ばれるブルーニングの要塞に火を放ち、住人を皆殺しにさせた。これを聞くとオットーはエーベルハルトに罰として百ポンド相当の馬を差し出すよう命じた。そして要塞焼き討ちの指揮官全員にマクデブルクまで犬を担いで来いという恥辱刑を科した。

かつて、オットーの父ハインリヒに王位を譲り「国王の第一の友人」に納まったつもりでいるエーベルハルトはオットーが私闘に介入し、あまつさえ自分に不利な裁定を下したことに驚愕し、かつ怒り狂った。

またもそんなとき、バイエルン大公アルヌルフ悪公が死去した。オットーは悪公の嫡男エーベルハルト（またしても同じ名前！）に司教叙任権の放棄を迫った。エーベルハルトはこれを蹴り、オットーへの臣従すら拒否した。オットーはバイエルンに侵攻する。最終的には勝利するが最初はうまくいかなかった。その隙を狙って、ヴィヒマン、タンクマール、フランケン大公エーベルハルトが結託して反乱を起こした。オットーの王権を揺るがす第一次内戦の勃発である。

肉親から起こった反乱の結末

異母兄タンクマールとフランケン大公エーベルハルトはオットーの弟ハインリヒのいるベレッケと呼ばれる城砦を急襲し、ハインリヒを捕獲した。しかしこの城砦包囲戦のさなかシュヴァーベン大公ヘルマンの甥ゲープハルトが殺害された。これによりコンラディン家はオットー支持派とエーベルハルト支持派に分裂し、大公ヘルマンはオットーの味方となった。タンクマールとエーベルハルト陣営はとたんに劣勢となり、反乱に加わっていたヴィヒマンはオットーに詫びを入れた。

人質とした王弟ハインリヒの扱いをエーベルハルトに委ねたタンクマールは、起死回生を狙ってエルゼブルク城砦を占領して立て籠もった。しかし城砦の住民たちはタンクマールを追ってきたオットー軍に城門を開いた。タンクマールは教会に逃げ込み、降伏の意を示すが、教会になだれ込んできた兵士の一人により背中から槍で貫かれ絶命した。これでオットーは反乱者となった異母兄の処分という厄介ごとを避けることができた。身内に対する処分というものは重すぎても軽すぎても禍根を残すものである。

さてエーベルハルトはタンクマールの死を知ると、人質にしていた王弟ハインリヒを介して主君オットーに必死に許しを乞うた。オットーはエーベルハルトをヒルデスハイムに流すが、まもなく彼を許した。中世の貴族には王に対する抵抗権があり、君主と貴族との争いは、貴族が勝った場合は貴族は君主に自分の要求を認めさせ、君主が危機を乗り切ったときには君主は反乱については水に流し、その貴族を再び受け入れるのが習わしであったとしても、いかにもこれは軽すぎた。それだけオットーの権力基盤は戴冠式でのその高飛車な態度とは裏腹に脆弱《ぜいじゃく》であったということである。事実この反乱の際、ロートリンゲン大公ギーゼルベルトはオットーの招致に応じず洞《ほら》ヶ峠《とうげ》を決め込んでいたのだ。

ともあれ、九三七年のタンクマールとエーベルハルトの反乱は鎮圧された。

新たなクーデターの起こり

しかし火の手は完全に消えたわけではない。むしろくすぶり続けた。エーベルハルトが人質の王弟ハインリヒを介してオットーに詫びを入れる際、なんとハインリヒと密約を交わしたのである。いずれ貴方様をお兄上の代わりに王に推戴する所存でございます、とでも囁《ささや》いたのであろう。野心家のハインリヒはこの話に飛びついた。

ハインリヒのクーデター計画はバイエルン問題に彼みずから介入することで始まった。先に書いたように九三七年七月にバイエルン大公アルヌルフ悪公が死去し、長男エーベルハルトが後を継いだが、彼は国王オットーの聖職者叙任権剝奪に反発し王への忠誠を拒否した。ハインリヒはこの問題に介入したのである。ハインリヒは実はエーベルハルトの妹ユーディトを娶っていた。そんなわけで彼は兄王オットーと義兄エーベルハルトの対立の仲介役を買って出たのである。しかし彼は兄王に余計な差し出口をするな、と断られ、面目丸つぶれとなった。それどころか兄王オットーはタンクマールとフランケン大公エーベルハルトの反乱を鎮めると、九三八年秋に、今度はバイエルン大公エーベルハルトに軍を差し向けたのである。戦いに勝利したオットーはエーベルハルトを追放刑に処し、アルヌルフ悪公の弟のベルトルトを新大公に据えた。むろん聖職者叙任権は取り上げた。

フランケン大公エーベルハルトとバイエルン大公エーベルハルト、同じエーベルハルトでもこうも違うのか、とハインリヒは兄王オットーが義兄エーベルハルトに下した過酷な処分に対して公然と不満を鳴らした。そんな彼が九三八年のクリスマスにザールフェルトで大宴会を主催した。このクリスマス大宴会は決起集会であった。フランケン大公エーベルハルトはもちろんだが、ロートリンゲン大公ギーゼルベルトも顔を出した。

ギーゼルベルトは戴冠式でのオットーの高圧的態度に嫌気がさしたのかもしれない。あるいは、領地ロートリンゲンの安全を確保するためには西フランク王ルイ四世海外王と気脈を通じておいて、さらにはオットーを高転びさせ、弟のハインリヒを王に据える方が得策であると考えたのかもしれない。いずれにせよ、王弟とフランケン大公とロートリンゲン大公が手を結んだのである。東フランクの貴族の多くは勝ち馬に乗ろうとハインリヒ陣営に走った。オットーは危機に陥った。ライン河畔が戦場となった。ライン左岸の町クサンテンの南東約三キロのビルテンである。九三九年三月の「ビルテンの戦い」でハインリヒは負傷し、ザクセンにある自領のメールゼルベルク要塞に逃げ込み籠城した。オットーはこれを二ヵ月包囲したが、埒が明かず、弟ハインリヒと三十日の休戦協定を結んだ。

アンダーナッハの大勝

「ビルテンの戦い」の後も抵抗を止めなかったギーゼルベルトは、西フランク王ルイ四世と手を結んだ。オットーは対抗策として西フランク貴族の大立者ユーグ大公と同盟した。オットーの妹ハトヴィヒは大公に嫁し、やがてカペー朝の開祖となるユーグ・カペーを産んでいる。オットーと大公は義兄弟の関係であったのだ。これはオットーの父ハインリヒの巧みなネットワーク造りの賜物であった。ユーグ大公はギーゼルベルトの要塞シュヴェルモンを包囲した。ギーゼルベルトは這《ほ》う這《ほ》うの体で要塞を脱出することになった。

一方、オットーはエーベルハルトが立て籠もるブライザッハを包囲した。膠着状態が続いた。そこでオットーは戴冠式の時に自分に塗油したヒルデベルトの死後、その後任に納まったマインツ大司教フリードリヒを交渉役に派遣した。

交渉役が全権を委任されたのかどうかはわからない。ともかくオットーはマインツ大司教フリードリヒがまとめた和解案を突っ返した。メンツをつぶされた大司教は反オットー陣営に走った。勢いづいた反オットー派はラインを越えて各地を荒らしまわった。オットーは自分にあくまでも忠実なシュヴァーベン大公ヘルマンとその弟ウード、そして二人の従弟である赤毛のコンラートを派遣し、反乱軍を散々に打ち破った。

九三九年十月、最終決戦の舞台にライン河畔のアンダーナッハが選ばれた。ここは八七六年に東フランク王ルートヴィヒ若王が西フランク王シャルル禿頭王を打ち破った古戦場である。若王の妃はオットーの大叔母リウトガルトである。これも何かの因縁なのか、オットーは大勝した。エーベルハルトは戦死し、ギーゼルベルトはボートに乗り逃亡を図るが、ボートが転覆し、哀れ溺死した。九四〇年、ハインリヒは兄オットーに降伏し、許された。

弟・ハインリヒ最後の抵抗

　普通はここで王弟ハインリヒの反乱は収束するはずである。しかし中世人には現代のわれわれの基準からすると、けっして諦めないという気質が備わっているようである。ともかくしつこい。ハインリヒは兄王に許されてもなお、しつこく王位を狙ったのである。

　明けて九四一年のことである。そのころザクセンでは長引くスラブとの戦いに貴族たちは不満たらたらであった。ハインリヒはこれら不満組と結託し復活祭において蜂起する計画を立てた。すなわちクヴェドリーンブルクで催される国王臨席の復活祭の祝典の最中にオットーを暗殺しようというのだ。オットーはこれを察知し、四六時中、身辺を警護で固めた。そして祝典後、シュヴァーベン大公ヘルマンとウード兄弟、それに赤毛のコンラートに命じて謀議に加わった連中を逮捕させ、首謀者たちの首をはねさせた。

　ハインリヒはいちはやく逃亡した。逃亡先は彼の姉ゲルベルガの嫁ぎ先の西フランクである。姉は最初の夫ギーゼルベルトが兄オットーに反乱を起こした挙句の果てに溺死した後、西フランク王ルイ四世海外王と再婚していたのである。

　西フランクの国内情勢は相変わらず不安定であった。そんなときルイ四世とゲルベルガの国王夫妻にとってハインリヒは招かれざる客であった。ハインリヒは東フランクに戻り、インゲルハイムで逮捕され、フランクフルトで兄オットーの前に連れ出された。

ここでもオットーは弟ハインリヒを許した。兄弟の母マティルデの助命嘆願があったという。これでハインリヒの反乱は終わった。以後、ハインリヒは兄の最側近となる。

内乱が終わって

内戦にまで発展した一連の反乱の戦後処理をオットーは次のように行った。

フランケン大公領は死んだエーベルハルトの後任を置かず、ザクセン同様に王家の直轄地とし、領地を細かく分割した。反乱鎮圧に一等、功績のあったシュヴァァーベン大公ヘルマンには嫡男がなく娘イーダしかいなかった。そこでオットーは長男リウドルフとイーダを結婚させた。ヘルマンもオットーに向かって「私の亡き後、ご子息のリウドルフ様にシュヴァァーベン大公位を継いでもらいたい」と言上した。事実、その通りとなった。

次はロートリンゲン大公領である。大公ギーゼルベルトの死後、オットーは弟ハインリヒを後任に据えたが、彼の前歴を考えて大公としての特権を与えなかった。いわばお飾りの大公でハインリヒは鬱屈し、地元貴族との折り合いも悪くなる一方であった。そこでオットーは弟から大公位を取り上げ、地元貴族のヴェルダン伯オットーを新大公とした。しかしそのロートリンゲン大公オットーは九四四年に死去する。そこで先の反乱の鎮圧に功績のあった赤毛のコンラートにお鉢が回ってきた。そしてオットーは新大公コンラートに自身の娘リウトガルトを嫁がせた。なお、死んだギーゼルベルトの寡婦でオットーの妹であるゲルベルガが西フランク王ルイ四世海外王と再婚したのは、先に書いたとおりである。こうしてオットーは姻戚ネットワークの構築を次々としかけていったのである。

ともあれ、これら一連の処理で、ザクセンはもとよりフランケンも王家の直轄地となり、シュヴァーベン、ロートリンゲンは政略結婚の網によりオットーの完全与党となった。残るはバイエルン大公領である。現大公ベルトルトはオットーに忠実であった。九四七年、そのベルトルトが死去。彼には嫡男ハインリヒ（王弟ハインリヒと同名！）がいた。ところが国王オットーはハインリヒの大公位継承を認めなかった。代わりにロートリンゲン大公位を取り上げられてくすぶっていた弟のハインリヒを充てた。王弟ハインリヒは死んだベルトルトの前の大公でルイトポルト家の当主であったアルヌルフ悪公の娘婿で、血筋には問題ないという触れ込みである。しかしそんなものは「理屈と膏薬はどこへでも付く」の伝で、オットーの真の狙いは東フランク王国内に隠然たる勢力を持っていたルイトポルト家をその力の源泉であるバイエルンから引き離すことにあった。そしてその目論見は見事に当たったのである。

東フランクを完全掌握

反乱を鎮圧することでオットーは東フランク全土をほぼ完全に掌握したことになる。とはいってもロートリンゲンの地元貴族は未だに腰が落ち着かずふらふらしている。これは隣接する西フランクの国内情勢と深く関係している。

西フランク王ルイ四世海外王はシャルル三世単純王の息子である。父が廃位されたとき亡命同然にイギリスにわたった。一方、西フランクではシャルル三世を廃位に追い込んだロベール一世が死に、彼の娘婿ラウールが王位を継いだ。そしてそのラウールも亡くなり後継問題が起きた。筋から言えばロベール一世の息子であるユーグ大公が王位を継ぐところだが、彼はこれを固辞し、海外のイギリスからルイ四世を呼び戻し、王につけた。ルイ四世が海外王とあだ名されるゆえんである。

だが、ルイ四世とユーグ大公の蜜月は長くは続かなかった。ランス大司教の人事をめぐって両者は激しく対立することになる。ランスと言えば四八一年、フランク王国初代国王クローヴィスの戴冠式が行われ、十二世紀以降になるとすべてのフランス王がここで戴冠式を挙げたという西フランク最重要の司教区である。それゆえこの大司教人事は互いに譲れなかった。ユーグ大公は義弟のフェルマンドワ伯エリベール二世の息子ユーグを強引に大司教とする。ルイはたまらずオットーに仲介を頼む。九四二年、オットーは西フランクに入る。オットーがロートリンゲンの完全放棄を条件にルイ支持を表明したため、形勢は逆転しルイが優勢となるが、彼はノルマンジー遠征で捕らえられ、ユーグ大公の虜囚となる。ルイの妃であるゲルベルガは兄オットーに夫の釈放への助力を訴えた。オットーはユーグに圧力を加えルイを釈放させた。

やや曲折あって、結局オットーは九四八年、インゲルハイムに教会会議を招集し、ランス大司教人事についての裁定を下した。ランス大司教はルイの推すアルトーに決まり、対立大司教ユーグは追放された。ルイとユーグ大公はそれぞれオットーの姉妹を妃とする相婿の関係だが、オットーは最終的には王の権威を重んじたのかもしれない。

ともあれ、この大司教人事問題を通じてオットーの西フランクへの影響力は格段に増したのである。なにしろ西フランク王国内の最重要教区であるランス大司教の人事を東フランク王国領内のインゲルハイムの教会会議で決めたのだ。これでは西フランクは東フランクの属国となったも同然であった。

インゲルハイムの教会会議には三十人の司教が出席し、さらにはデーン人の代表も顔を出し、デンマーク、ノルウェー、スウェーデンがハンブルク・ブレーメン大司教区の下に置かれることになった。懸案であったボヘミア問題を見ると、兄である聖ヴァーツラフを殺しボヘミアの実権を握ったボレスラフも結局はオットーに服従した。

こうして、東フランク王オットーの名声はヨーロッパに鳴り響き、その権威は頂点に達したかに見えた。

第四章　第一次イタリア遠征

長男リウドルフとの軋轢

オットーがインゲルハイムに教会会議を招集するより二年前、九四六年一月二十六日にオットーは妃エドギタを失っている。これでオットーの母マティルデが宮廷内のファーストレディに返り咲くことになった。彼女のハインリヒ溺愛は相変わらずである。このことを懸念してなのか、オットーはエドギタの死後すぐさま長男リウドルフを正式に後継者に指名している。そしてすべての貴族にリウドルフへの忠誠を誓わせた。つまりオットーは今後、東フランク王国が自分と弟ハインリヒで二分割されることは絶対に許さないということを内外に知らしめたのである。ハインリヒはこれを受け入れたが、甥のリウドルフに対するわだかまりは捨てきれなかったようである。

晴れて後継者に指名されたリウドルフは九四九年、舅《しゅうと》ヘルマンの死によりシュヴァーベン大公となった。そしていわばその初陣として九五一年初夏、アルプスを越えてイタリアに遠征することになった。ところがこのことが彼の悲劇の引き金となる。父王オットーの不興を買ったのである。

しかし、そもそもリウドルフはなぜイタリア遠征を行ったのか？　ここで当時の複雑怪奇極まるイタリア情勢を素描しなければならない。

混迷のイタリア

カール大帝のフランク大帝国が三分割された部分王国のひとつである中部フランク王国はさらにイタリア、ブルグント、ロートリンゲンに分割され、そのうちイタリアの領域はロドヴィーコ二世の死によりカロリング朝が途絶え、中世イタリア王国となった。王国の支配領域は七七四年、カール大帝により征服され、大帝みずからが王となったランゴバルド王国の北イタリア部分である。

王国の南には教皇領がある。ローマ、ラヴェンナ、中部イタリアである。しかし教皇の支配権は及ばなくなっていた。

教皇領の南は南イタリアである。諸侯は九世紀ごろまではカロリング朝に服していたが、カプア、ヴェネベント、サレルノは自立し割拠状態となる。さらに厄介なことだが、東ローマのビザンツ帝国はいぜんとしてこの地域への宗主権を主張し、プーリアとカラブリアを直接支配していた。ところがこのように麻のごとく乱れた南イタリア全体はイスラームの脅威にさらされ、シチリアは占領されていた。この状況下で後にオットーが宗主権を主張し、ビザンツと対立することになる。南イタリアは全くアナーキーな状態に陥っていたのだ。

さて中世イタリア王国ではイタリア出身のフリウーリ伯ベレンガーリオ一世がイタリア王となった。するとすかさずスポレート公グィードが対立王に立った。両陣営の対立は、グィードの死後は息子のランベルトに引き継がれたが、彼もまた戦い半ばに倒れた。反ベレンガーリオのイタリア貴族たちは、アルプスの北のプロヴァンス王ルイを対立王に担ぎ出した。しかし彼はベレンガーリオの手中に落ち、眼球を摘出されるという陰惨な刑を受けることになる。後に盲目王と呼ばれるに至るルイはたまらずプロヴァンスに逃亡するが、ここでは王の不在中にアルル伯ユーグが実権を握り事実上の王となっていた。

一方、イタリアではベレンガーリオの専横に反感が高まり、イタリア貴族は対立王にまたぞろアルプスの北のブルグント王ルドルフを引っ張り出してきた。ちなみにこの時、ルドルフは後にオットーの父ハインリヒに献呈することになる例の「聖槍」(第二章)を手に入れたのである。

さて、そうこうするうちにベレンガーリオは自身が招き入れたハンガリー傭兵の残虐行為に怒った家臣の一人にヴェローナでのミサの最中に背中を刺され非業の死を遂げた。九二四年のことである。享年七十四歳で当時としてはかなりの長寿で、四人の対立王と対峙したことになる。

イタリアは久々に一人国王となった。しかしイタリア貴族はよくよく安定を嫌うのか、ルドルフの支配に異を唱えた。

ルドルフは形勢不利を悟り、イタリア撤退を決めた。そこで事実上のプロヴァンス王となっていたアルル伯ユーグが乗り込んできてイタリア王ウーゴとなる。

こうしてさしものイタリアも安定の道を歩むかに見えた。しかしそうはならないところがイタリアのイタリアたるゆえんであった。

ベレンガーリオ二世の登場

ウーゴのイタリア支配は難渋を極めた。そこで彼はローマと手を組もうとする。ところがこの頃のローマは、教皇の愛人が政治を壟断《ろうだん》するという「娼婦政治」（ポルノクラシー）が蔓延《はびこ》っていた。それでもウーゴは、なんとこのスキャンダラスな「永遠の都ローマ」を牛耳っていた毒婦マロツィアと結婚するという奇策に打って出た。しかしマロツィアの息子であるアルベリーコ二世が母の結婚式の祝宴の最中にクーデターを起こし、ウーゴは命からがらローマから逃げだす羽目となった。

一方、マロツィアは息子により終生監禁の身となった。なおアルベリーコ二世は母だけでなく兄のローマ教皇ヨハネス十一世まで監禁状態に置き、ローマの実権を握った。弟の傀儡となったヨハネス十一世は、リウトプランドによると実は兄弟の父アルベリーコ一世の実子ではなく、母マロツィアが教皇セルギウス三世と通じてできた不倫の子であるという。真偽はわからないが、こんな話がまかり通るのだから娼婦政治、何をかいわんや、といったところか。さらにこのアルベリーコ二世の庶子がやがて教皇ヨハネス十二世となり、オットーの皇帝戴冠を取り仕切り、なおかつオットーに何度も煮え湯を飲ませることになる。まったく何でもありの話である。

さて、ローマから戻ったウーゴは体制の立て直しを図る。ウーゴのイタリア王位獲得はブルグント王ルドルフから譲り受けたようなものであり、あやふやであった。そこでウーゴとルドルフは、イタリア王位はウーゴに、ウーゴの支配するプロヴァンスはルドルフに譲るという取り決めを正式に交わした。そしてこの協定の証としてお互いにまだ幼かったウーゴの息子ロターリオとルドルフの娘アーデルハイトを将来結婚させることにしたのである。これが九三三年。

ところが九三七年、ルドルフが死去する。するとウーゴはルドルフの寡婦ベルタと自身四度目の結婚をし、ブルグント王国併合を狙った。そうなるともともとアルプスの北からやってきた外来王であるウーゴは、ますますプロヴァンス時代の家臣を重用することになる。イタリア貴族の不満は増大していった。

そんなときイヴレーア辺境伯ベレンガーリオ二世が登場する。ベレンガーリオ一世の外孫である彼こそが、教皇ヨハネス十二世とタッグを組むかのようにしてオットー大帝の後半生を散々もてあそんだ、いわば本書の陰の主役でもあるのだ。なにしろ、後に三次にわたり足掛け十年に及んだオットーのイタリア遠征の大半は、このベレンガーリオ二世とその息子アーダルベルト討伐のために費やされるのである。ベレンガーリオはまさにオットーの天敵であった。

九四一年、ベレンガーリオは反乱を引き起こした。しかしまだ余力のあったウーゴはベレンガーリオをイタリアからたたき出した。もちろんこれで収まることにはならない。イタリアの混迷はまだまだ続く。

しかしそれにしても、まさしく先に引いたように「イタリア人は常に二人の王を欲している」という複雑怪奇極まるイタリア情勢である。

イタリア王ウーゴの最期

さて、イタリアをたたき出されたベレンガーリオ二世はどこに向かったのか。当時、彼のような亡命貴族を迎え入れる余裕のあるのは東フランク王国しかない。

どういう伝手があったのかはよくわからないが、ベレンガーリオと息子のアーダルベルトはシュヴァーベン大公ヘルマンを頼り、彼を介してオットーに謁見をし、臣従の礼をとった。これに対してイタリア王ウーゴは二人の引き渡しを要求した。むろんオットーは応じない。オットーは亡きブルグント王ルドルフの嫡男コンラートの後見人であった。彼はルドルフの寡婦と結婚することでコンラートの立場を危うくしたウーゴを警戒したのである。

そんなわけでベレンガーリオと息子のアーダルベルトは、シュヴァーベンを亡命の拠点として、東フランクに四年ほど過ごすことになる。

その間、イタリアでのウーゴの地位はますます揺らいでいった。九四五年、ベレンガーリオはチャンスと見てイタリアに舞い戻った。しかしその際、ベレンガーリオ親子は臣従の礼をとり主君と仰いだオットーに一言も断りを入れなかった。もしかするとこのことが親子のその後の命運を決したのかもしれない。

イタリアに舞い戻ったベレンガーリオはウーゴを追い詰める。たまらずウーゴは王権を投げ出した。ただし王位にはしがみついた。九四五年には息子を共同王にすえ、九四七年、イタリア王のままこの世を去った。

父ウーゴの死後、かねてから婚約中であったアーデルハイトと結婚したロターリオ二世は一人国王となったが、もちろん名目だけの王で実権はベレンガーリオに握られたままである。そんな彼が九五〇年十一月二十二日、わずか二十二歳で急死する。確たる証拠はないが、ベレンガーリオによる毒殺というのが大方の見方である。

アーデルハイト監禁

ベレンガーリオは前王ロターリオ二世の急死後一ヵ月もしない十二月十五日、息子アーダルベルトを共同王としてイタリア王となる。しかし二人は身分的には依然としてオットーの家臣である。主君オットーは二人の家臣のイタリア王即位を快く思っていない。それはイタリア貴族も同じである。

そこでベレンガーリオは既成事実を積み上げようと、亡きロターリオ二世の寡婦アーデルハイトと息子アーダルベルトを結婚させようと画策する。アーデルハイトには亡き夫ロターリオの遺産と母ベルタを通しての亡きウーゴの遺産もある。そしてなんと言ってもイタリア（ランゴバルド王国）では、かつて王の寡婦に新王を選ぶ権利が認められた例がある。六世紀末、王妃テオデリンダは夫の死後、トリノ公アギルルフを新王に指名し彼と再婚している。ベレンガーリオはこの故事の再現を狙ったのである。

しかしアーデルハイトはアーダルベルトの求婚を峻拒《しゅんきょ》した。

するとベレンガーリオとその妻ウィラはアーデルハイトの髪の毛を切り、彼女をガルダ湖の要塞の地下牢に監禁してしまった。これが九五一年四月二十日で、監禁は八月二十日まで続いたという。

むろんアーデルハイト監禁の知らせはオットーの宮廷に届いた。反ベレンガーリオのイタリア貴族と司教たちは、オットーにアーデルハイト救出を訴えた。アーデルハイトの弟コンラートも後見人オットーに頼み込んだ。アーデルハイトの母方の祖父はかつてのシュヴァーベン大公ブルヒャルトである。そして母方の祖母レゲリンダは夫亡き後、次のシュヴァーベン大公ヘルマンと再婚し一人娘イーダを産んでいる。そして現シュヴァーベン大公リウドルフはそのイーダの夫である。そんな関係でイーダも義父オットーにアーデルハイト救出を懇願する。

先陣は誰が切る

オットーは動いた。オットーはイタリア遠征の準備を進めた。

ここでバイエルン大公ハインリヒとシュヴァーベン大公リウドルフの叔父甥の間で先陣争いが起きる。

甥のリウドルフにしてみればアーデルハイトは妻イーダのごく近い親戚である。しかも自分はつい最近父王により後継者に指名されている。初陣としてはこれ以上ない晴れ舞台である。それに当時のシュヴァーベン大公領はアルプスを挟んでイタリアと接している。このことからリウドルフはイタリア王位を狙っていたという説があるが、異論のあるところである。ともあれこうして逸《はや》る気持ちを抑えきれずに彼は九五一年初夏、わずかな手勢を引き連れてイタリアに向かった。しかしこの進発は父王との打ち合わせもない全くの抜け駆けであった。

一方、叔父のバイエルン大公ハインリヒは甥の先行を苦々しく思った。バイエルン大公領は現ドイツのバイエルン州よりはるかに大きく、現在のオーストリアを丸ごと含むほど南に伸びていた。そんなわけでバイエルンはハインリヒの前の大公家ルイトポルト家以来、北イタリアに領土的野心を抱いていた。事実、アルヌルフ悪公はイタリアに侵攻し、ウーゴに追い返されたりしている。ハインリヒもまたイタリア北部のアクィレイアとヴェローナを虎視眈々と狙っていたのである。遅れてはならぬ、とハインリヒは甥に奸計を仕掛けた。

ハインリヒはイタリアの各都市、城砦に急使を立て、「進軍してくるリウドルフはベレンガーリオと密かに通じているので、彼には決して門を開かないように」と指示したのである。おかげでリウドルフは七月末、何の戦果も挙げられぬまま、東フランクに戻るしかなかった。彼は父王オットーに叔父ハインリヒの非道を強く訴えた。本格的大遠征を控えていたオットーは、無用な混乱を避けるために息子の訴えを無視した。リウドルフは深く傷つく。

イタリア遠征の狙い

オットーのイタリア遠征は八月中旬に始まった。マインツ、トリーア両大司教を引き連れ、ロートリンゲン大公となった赤毛のコンラートも加わった大部隊の遠征である。むろんハインリヒもリウドルフも従軍している。

これを聞くとベレンガーリオ親子はアペニン山脈のサン・マリーノ要塞に逃げ込んだ。そのためオットーは九月二十三日にはイタリア王国の首都であるパヴィアに無血入城することができた。そして十月には、「フランク人とランゴバルド人の王」を名乗り、イタリア中の貴族からの忠誠の誓いを受けている。

オットーの「フランク人とランゴバルド人の王」の名乗りは七七四年、カール大帝がランゴバルド王国を征服したときの先例に倣っている。

東ゲルマンの一部族であるランゴバルド人（ロンバルディア人）は六世紀に北イタリアに侵入し、ランゴバルド王国（ロンバルディア王国）を建設しイタリア中・南部を支配した。そして全盛期の八世紀前半には東ローマ（ビザンツ）帝国領ラヴェンナをも併合している。ところがローマを脅かしたためにカール大帝により征服され、フランク大帝国に併合されたのである。

つまりオットーがこの大帝の事績に倣ったということは、イタリアへの野心を露わにし、皇帝への道を模索し始めたということである。

事実、オットーは同道したマインツ大司教フリードリヒをローマに派遣している。皇帝戴冠の打診である。時のローマ教皇アガペトゥス二世はオットーの皇帝即位に前向きであった。しかし母マロツィアを監禁しローマの支配者となっていたアルベリーコ二世が難色を示す。そのため話は壊れ、使命を果たせなかったマインツ大司教フリードリヒとオットーの間に隙間風が吹くことになる。

アーデルハイト救出、そして結婚へ

しかしオットーの側にも、皇帝戴冠を深追いできなくなった事情が出来していた。それはアーデルハイト救出と深くかかわっている。

オットーが救出に向かったアーデルハイトは、八月二十日には既にガルダ要塞から脱出していた。

穀物の下に身を隠し、彼女を追うベレンガーリオの目をくらませたという説、壁の穴から脱出したという説、牢獄のドアの下を掘って地下道を作りそこから脱出したという説と、アーデルハイトの脱出劇には諸説あり、脚色も多い。しかし共通しているのはレッギオ司教アーダルハルトが無事脱出した彼女に隠れ家を提供し、後に彼が信頼する部下アットーのカノッサの要塞に住まわせた、という点である。ともあれ彼女は自由の身になったのである。

そこでパヴィアに入城したオットーは、アーデルハイトの出迎えという大事な使命を弟ハインリヒに命じた。この時点でハインリヒは兄オットーの最側近となっていたのである。

アーデルハイトを丁重に出迎えたオットーは彼女に求婚する。オットーはイタリア王国の女相続人アーデルハイトと再婚することで、自身のイタリア支配を確実にしようとしたのだ。アーデルハイトもオットーとの再婚は望むところであった。

かくして十月中旬(日にちははっきりしていない)、オットーとアーデルハイトの結婚式が行われた。

突如として自分とほとんど年齢の変わらない義母を迎えることになったオットーの跡継ぎリウドルフは心中穏やかではなかった。父が若い後妻との間に男の子を儲けたらおそらく溺愛することになるだろう。そうなれば自分の地位はどうなるのか。リウドルフは不安に駆られ、父の再婚を呪った。そして彼は皇帝戴冠の件で父の不興を買ったマインツ大司教フリードリヒと連れ立ち、父にいとまも告げずにパヴィア宮廷を去り、東フランクに戻ってしまった。このことが、オットーの翌九五二年早々の帰郷を促すことになったのである。

第五章　息子リウドルフの反乱

アウクスブルクの宮廷会議

故郷に戻ったリウドルフは九五一年、ザールフェルトでクリスマス大宴会を主催した。これは十三年前の九三八年、叔父ハインリヒが同じ場所で開いたクリスマス大宴会を髣髴《ほうふつ》させるものであった。集会を察知したオットーは翌九五二年早々、新妻アーデルハイトを伴って東フランクに戻ってきた。王の帰還によって王国はひとまずは平静を取り戻した。

ところが四月のことである。

オットーが慌ててイタリアを引き揚げるとき、ベレンガーリオは要塞に立てこもったままで、オットーにひれ伏したわけではなかった。そこでオットーは後事を娘婿のロートリンゲン大公赤毛のコンラートに託した。コンラートは舅のオットーからベレンガーリオの扱いを一任されたのである。少なくともそう思っていたコンラートは、平和裏にことを収めようとベレンガーリオを説得した。そして彼のイタリア王位を保証したのである。こうしてコンラートとベレンガーリオは四月、アルプスを越えて、マクデブルクにいたオットーに謁見すべくエルベ川中流までやってきた。折からの復活祭の祝宴で、二人は当地の貴族たちに大歓迎された。

ところがオットーの態度は終始冷たいものであった。彼はベレンガーリオに謁見を三日間も待たせた挙句に、イタリア王位の言質を決して与えようとせず、ただ近々、開かれるアウクスブルクの宮廷会議に出席するよう命じるだけであった。付き添いのコンラートは王にして舅であるオットーに赤恥をかかされたようなものである。彼はオットーの宮廷を去り、義兄のリウドルフに急接近する。

そしてコンラートの代わりにイタリア問題の差配を任されたバイエルン大公ハインリヒは、ベレンガーリオに対してことのほか厳しい態度をとった。それは八月にアウクスブルクで開かれた宮廷会議の裁定に表れる。

ベレンガーリオと息子アーダルベルトのイタリア王位を認める。ただしヴェローナ、アクィレイアそれにイストリアはバイエルンに割譲すべし。

この裁定にベレンガーリオは愕然とした。これではイタリア王とは名ばかりで、実質的にはオットー朝のイタリア副王でしかない。しかし今は逆らえるような状況ではない。裁定を受けるしかない。彼と息子のアーダルベルトはオットーに改めて忠誠を誓うしかなかった。

鬱積するリウドルフの不満

しかしベレンガーリオ以上に憤懣やるかたない思いにとらわれたのはリウドルフである。

これでは何もかも叔父ハインリヒの思うつぼである。今回のイタリア遠征はバイエルン大公領の領地拡大が狙いだったのか？ 叔父はイタリアで義母アーデルハイトを出迎える大役を仰せつかり、その際、義母の信頼を勝ち得た。義母は今や父オットーの宮廷のファーストレディである。父は先にも書いたように(第二章)、字が全く読めなかった。それが義母と再婚したことにより一念発起して四十の手習いよろしく、読み書きを覚え始めたのである。なにごとも徹底してやるという性癖で、修習のスピードは驚くほど速く、様々な書類に目を通し、政務に一段と自信を漲らせている。まさに義母の影響大であるところだ。叔父はこんな義母を通じて父を操っているのだ。それが証拠に父はこの他にも叔父の意見を取り入れ、息子であり、なおかつ後継者である自分に対して、領地の一部召し上げにも等しい理不尽な裁定を下している。

このリウドルフの怒りに赤毛のコンラートも同調した。しかし二人の怒りはオットーに直接向けられることはなかった。彼らが憎悪したのはあくまでも「君側の奸」ハインリヒであった。

九五二年末、王妃アーデルハイトが男の子を産んだ。リウドルフは焦った。祖父の名をとってハインリヒと名付けられたこの異母弟（三歳で夭折）は、リウドルフにとって自分の地位を脅かしかねない存在である。事実、父はこの子に後を継がせる、とまで言っているというではないか。そんなとき、父オットーはこの子の母方の祖母、つまり義母アーデルハイトの母ベルタにエルシュタイン修道院を寄贈している。この異常な厚遇は何を意味するのか。

リウドルフは疑心暗鬼となり、ついに一歩踏み出すことにした。それが九五三年の復活祭の頃のことである。

マインツ合意はこうしてなされた

オットーと弟のハインリヒは九五三年の復活祭をインゲルハイムで祝おうとした。七四二年にカール大帝が生まれたとされているこの町は現ドイツのラインラント・プファルツ州にあり、マインツの西南西十四キロに位置している。そしてなんと言ってもここはリウドルフと赤毛のコンラートの勢力圏であった。二人はフランケン、ザクセン、バイエルンの若い貴族を集め、多くの要塞を手中に収めた。反乱の旗が公然と掲げられたのである。

これを知ったオットーとハインリヒはマインツに難を逃れようとする。しかしその時、マインツ大司教フリードリヒは不在であった。マインツ市は主のマインツ大司教の許可がなければ何人《なにびと》も市に入れるわけにはいかない、とオットーに対して市門を開けようとしない。国王に対するこの無礼千万にオットーは腸が煮えくり返ったが、フリードリヒの到着を待つしかない。

いかに国王が大司教や司教の選任権を握っていたとしても、大司教や司教たちのなかには、ひとたびその地位につくや広大な教会領、つまりは軍事力をバックに、国王、何するものぞ！　という気概を示すものが少なからずいたのである。

十世紀、東フランクの軍事費の半分近くは、司教領や修道院が担っていたと言われている。国王とて、司教領や修道院にうかつに手を出せなかったのである。日本でも平安時代、白河法皇が「賀茂川の水、双六の賽、山法師、是ぞわが心にかなわぬもの」と嘆いたようなものである。

オットーはマインツ大司教フリードリヒを辛抱強く待った。

戻ってきた大司教はオットー、リウドルフ、コンラートの三者会談を提案する。

三者会談でリウドルフとコンラートは自分たちは謀反を起こす気は毛頭ない、ただ君側の奸ハインリヒを除いてほしいだけだ、と訴えた。周りは敵だらけである。オットーは二人の要求を受け入れるしかない。あるいは二人にそう思わせるしかない。取り敢えずはマインツ合意がなった。

かくしてあたかも囚われの身から釈放されたような形でオットーは船でケルンに向かい、そこから今度は馬でドルトムントに行き、ようやく復活祭を祝うことができた。しかし意気消沈すること甚だしかった。

次に彼はクヴェドリーンブルクに赴いた。母マティルデの町である。オットーと母との関係は、オットーと弟ハインリヒのそれが好転するのと時を同じくして劇的に改善していた。母は息子を大歓迎する。オットーは徐々に自信を取り戻す。

オットーは反転攻勢に出る。彼はフリッツラーで宮廷会議を開催し、強制的に交わされた約束は守る義務はない、とマインツ合意破棄を宣言した。そしてリウドルフとコンラートに宮廷会議への出頭を命じ、二人に今回の反乱の首謀者を差し出せ、さもなければ、汝らを王国の敵とみなす、と最後通牒を出した。

どうやらオットーはリウドルフとコンラートが反乱の首謀者ではなく、背後に誰かいると思っていた節がある。それが誰を想定していたのかはわからない。いずれにせよオットーは自分と息子と娘婿の間の親族の情を信じていたのだろう。

一方、リウドルフとコンラートは仲間を見捨てる気は毛頭なく、オットーの出頭命令に従わなかった。マインツ大司教フリードリヒだけが出頭してきた。彼は集会でのハインリヒによる激越な弾劾演説にもめげず、マインツ合意順守を主張した。そのため彼は東フランク王国の筆頭大司教としての尚書長官の職を奪われた。そしてコンラートもロートリンゲン大公の実権を剝奪された。

正確に言えば、オットーはその時、空位となっていたケルン大司教に末弟のブルーノを据えたのである。ロートリンゲン大公領の大部分はケルン大司教区に属しており、もともとよそ者大公であるコンラートに反感を持っていたロートリンゲン貴族は大司教側につくことになるというわけである。

一方、リウドルフのシュヴァーベン大公位はそのままであった。しかしだからといって、リウドルフとコンラートの結束は崩れることはなかった。

東フランクを二分する内戦

フリッツラーの次のケルンでの宮廷会議でも埒が明かず、反乱は収まるどころか拡大していった。そしてマインツ大司教フリードリヒはマインツ市を反乱軍に明け渡した。すると七月、オットー軍によるマインツ包囲が始まり、その他でも各地で戦闘が起き、東フランクは内戦の様相を示してきた。

内戦というからには反乱の裾野は広い。かつてオットーの強引な人事に激怒したヴィヒマンの二人の息子ヴィヒマン（若）とエクベルト兄弟を筆頭に、オットーの本拠地ザクセンでも多くの貴族が反乱に加わっている。二人の兄弟は彼らが簒奪者とみなしている叔父ヘルマン・ビルングを倒し父の無念を晴らそうと血気盛んとなっていた。

司教たちも動いた。マインツ大司教フリードリヒ、メッツ司教アダルベーロ、シュトラースブルク司教ロータルト等々と、多くの司教たちが反オットー陣営についた。まさに国を二分する内戦である。

反乱者たちはオットーの統治方法に異を唱え、前王ハインリヒ一世の「友誼政策」への回帰を訴えるが、オットーは聞く耳を持たない。

マインツ包囲は二ヵ月にも及んだ。埒が明かない。そこで休戦交渉が始まる。だがオットーはまずは反乱の加担者を引き渡せ、の一点張り。むろんリウドルフに応じる気はさらさらない。交渉は決裂する。

この完全な膠着状態を打ち破ったのはバイエルンの動向であった。

バイエルンは今やオットーが右腕と頼むハインリヒの本拠地である。そのバイエルンの貴族たちが、なんと大公ハインリヒに背き反オットー陣営に走ったのである。音頭を取ったのはかつてバイエルンを支配していたルイトポルト家の当主アルヌルフ悪公の息子アルヌルフ二世とその弟たちである（長男のエーベルハルトはすでにこの世にはいない）。バイエルン貴族は悪公の娘婿である現主の大公ハインリヒよりも、旧主ルイトポルト家のプリンスたちについたのだ。こうして彼らは当時のバイエルンの首都レーゲンスブルクに参集し、反オットーの狼煙を上げたのである。

バイエルンの離反はオットー陣営にとって超弩級の衝撃を与えた。リウドルフとコンラートの陣営には続々と人が集まってきた。オットーはマインツ包囲を放棄せざるを得なかった。それでもオットーとハインリヒは包囲に加わった軍勢を引き連れ、レーゲンスブルクに向かった。しかしレーゲンスブルクの守りは堅く、容易には落とせない。バイエルンでオットー陣営にとどまったのはアウクスブルク司教ウルリヒぐらいである。そしてそのウルリヒもアウクスブルク防衛に手いっぱいで、とても駆け付けることはできない。

オットーは八方塞がりとなり、冬を迎えた。寒冷の地ヨーロッパでは冬は戦わないというのが当時の慣例である。なにしろ冬になると主戦力の騎兵の乗る馬の飼葉《かいば》の手配もままならなくなるのだ。かくして九五三年十二月、オットーはこの習慣を口実にしてレーゲンスブルクを撤退しザクセンに戻った。

ザクセンではヘルマン・ビルングがヴィヒマン（若）とエクベルト兄弟の反乱を巧みに抑え込んでいるおかげで、オットーは一息つくことができた。しかしオットーの前途には暗雲が立ち込めたままである。年が明けて春になり、戦いが再開されれば、オットーの王位はいよいよ怪しくなるのだ。こうして九五三年は終わり、九五四年を迎えた。

レーゲンスブルク陥落

潮目が変わるとは、こういうことを言うのだろうか。

九五四年二月、馬体は小さいが足の速い馬（ポニー）に乗ってハンガリー軍がやってきた。むろん東フランクの内乱に乗じての略奪行である。彼らはバイエルン、フランケン、シュヴァーベン、ロートリンゲンを荒らしまわって西フランクまで迫り、彼らが通った後はぺんぺん草も生えないといった有様となる。

オットー、リウドルフ両陣営は互いにこの事態の責任を相手に擦《なす》り付ける。だが、バイエルンを荒らしまわっていたハンガリー軍にリウドルフが案内人をつけフランケンに誘導していたこと、さらにはコンラートも自領ロートリンゲンの反抗勢力であるレギナール伯を追い詰めるためにハンガリー軍を利用したことが明るみにでた。

ハンガリー軍を傭兵として雇い敵にあたらせる。これはイタリアや他の国では常套手段である。しかし東フランクではそうはいかない。ハンガリーは国家の怨敵である。だからこそ、東フランクの貴族たちは今から約三十年前の九二六年、オットーの父ハインリヒ一世がハンガリーと結んだ屈辱的休戦条約のための高額な貢納金の分担に文句一つ言わずに応じ、臥薪嘗胆に徹したのである（第二章）。

それがハンガリーと手を結ぶとは！　囂囂《ごうごう》たる非難の声が巻き起こった。後は一瀉千里《いっしゃせんり》である。

九五四年六月、休戦協定が結ばれ、オットー、ハインリヒ、リウドルフ、コンラート、マインツ大司教フリードリヒが、ランゲンツェンでの宮廷会議で一堂に会した。ハインリヒはハンガリーと手を結んだのは反逆罪に相当するとリウドルフを激しく非難した。リウドルフはやむを得なかったのだ、と必死に弁明するが無駄であった。コンラートとフリードリヒはオットーに服することを決めた。そして二人はリウドルフにオットーに服従し、その裁きを受けるようにと説得した。

オットーの弟ブルーノもまた「アブサロム（ダビデの三男）になるなかれ、さすれば汝はソロモン（ダビデの末子）になれるのだ！」と、いかにも聖職者らしく旧約聖書の有名な一節を引いて、甥を説得したという。しかしリウドルフは聞く耳を持たず、レーゲンスブルクに籠城する。

こうしてレーゲンスブルク包囲戦が再開された。今回はザクセンの守りを任されていたゲーロ辺境伯までもが参陣している。ザクセンでは反乱が鎮圧されたということである。オットーは余裕綽々で包囲戦を武将たちに任せてザクセンに戻る。籠城軍は時折、反撃を試みるがその都度追い返される。籠城軍の中心的存在であったルイポルト家のアルヌルフ二世も命を落とした。そのうち城内は飢えに苦しむことになる。結局、レーゲンスブルクは八月中旬、焼け落ちた。

リウドルフはチューリンゲンのザウフェルト（現タンゲルシュテットと推定されている）で狩猟中の父オットーのもとに現れ、父の前に裸足でひれ伏した。

父は息子を許した。叔父ハインリヒのいないところで親子の和解が成立したのである。仮にこの時ハインリヒが同席していたらどうなっていただろうか。おそらく、ハインリヒはリウドルフの謝罪を受け入れてはならぬとオットーに耳打ちしたであろう。リウドルフはそれを恐れて、狩猟中という、いわばプライベートの場を選んで父に詫びたのではないだろうか。

同年十二月、アルンシュタットの宮廷会議で正式な処分が決まった。リウドルフとコンラートはそれぞれシュヴァーベン大公領とロートリンゲン大公領を没収された。ただし二人の財産は保全された。

新シュヴァーベン大公には王妃アーデルハイトの叔父ブルヒャルト三世が任命された。そしてブルヒャルトはバイエルン大公ハインリヒの娘ハトヴィヒを娶り、バイエルンとシュヴァーベンの長年のしこりをほぐすことになる。

ロートリンゲン大公にはオットーの弟ブルーノが就く。彼はケルン大司教でもある。この俗界領主と高位聖職者の兼務はオットーの教会政策を如実に表しており、多くの問題を孕《はら》んでいた。

マインツ大司教フリードリヒが死去し、後任にはオットーの庶子ヴィルヘルムが就任する。彼は後に父に臆することなく、父の教会政策を痛烈に批判することになる。

バイエルンを奪回した大公ハインリヒの落ち武者狩りは凄惨を極めた。旧大公家のルイトポルト家はほとんど追放され、他にもハインリヒは敵側についた貴族たちを容赦なく追い詰めた。司教たちも例外ではない。ザルツブルク大司教ヘルホルトは目を抉《えぐ》られ追放された。

世俗領主が高位聖職者に残虐な摘眼刑を科したのである。これは教会が世俗権力の支配下に入ることの是非がいまさらのように問われる出来事であった。事実、ハインリヒの甥であるマインツ大司教ヴィルヘルムは、このことで叔父を引いては父オットーを痛烈に批判するのである。

しかしオットーは弟ハインリヒの苛烈な処理を支持し、二人は翌九五五年の復活祭をバイエルンで祝った。そしてオットーは六月、バイエルンの完全服従を見届けると、故郷ザクセンに戻った。

こうして息子リウドルフの反乱は終わった。オットーはこれで二度の内戦を乗り切ったことになる。

第六章　レヒフェルトの戦い

ハンガリーのバイエルン侵入

しかしだからといって国内が安定したわけではない。オットーがザクセンに戻ったのも、ヴィヒマン（若）とエクベルト兄弟がスラブ諸族を率いて、彼らの叔父でありかつ宿敵でもあるヘルマン・ビルングを攻め立てていたからである。

オットーがいざヘルマン救援に向かおうとしたとき、弟のハインリヒからハンガリーがバイエルンに侵入してきたという一報が入った。ハンガリーの標的は今まで常にオットーに忠実であった司教ウルリヒの牙城アウクスブルクであった。

ハンガリーはアウクスブルクを包囲した。

オットーは対スラブの戦いのため、ザクセン軍の全軍を率いることができず、少数精鋭部隊を引き連れて再び南に向かった。

オットーの行軍中、多くの軍団が合流してきた。まずは赤毛のコンラートが率いるフランケン一軍団。リウドルフの反乱に加担したコンラートは汚名返上に必死であった。次に大公ブルヒャルトが指揮するシュヴァーベンの二軍団。ブルヒャルトはシュヴァーベン大公となってての初陣である。意気盛んである。さらについ最近、オットーに服従したボヘミア大公ボレスラフが選り抜きの千名を率いてやってきた。主として輜重《しちょう》（兵器や食糧）を担当した。これに後にバイエルンの三軍団が加わる。オットーの一軍団を加えて計八軍団が揃う。ロートリンゲン軍だけはハンガリーの別動隊によってくぎ付けとなり合流がかなわなかった。そしてリウドルフもこの乾坤一擲《けんこんいってき》の決戦に加わっていない。一年前、ハンガリーと手を組んだことが懸念されたのだろう。

突然鳴り響いたホルンの音

ローマ時代からアウクスブルクは市壁が低く、円柱の堡塁《ほうるい》もなかった。レヒ川に至る東門は崩壊寸前である。アウクスブルクは落城間近かと思われた。門から打って出たウルリヒ自ら指揮する騎兵の勇敢さだけが落城を何とか食い止めたのである。この時の馬上のウルリヒのいでたちについては二説ある。彼はストラ(司教の祭服用頸垂帯《けいすいたい》)だけを羽織っていたという説と、ストラの上に甲冑と兜で身を固めたという説である。いずれにせよ彼は勇猛果敢であった。四方八方からの槍と石の攻撃をかわし、敵に一指も触れさせずに無傷のまま城内に戻ってきた。彼はさながらアウクスブルクの守護聖人であった。事実、彼は九九三年に列聖されている。

しかし個人の力量には限界がある。アウクスブルクは落城を覚悟した。

ところが翌日ハンガリー軍が巨大な突き棒を使って壁の破壊に取り掛かったとき、突然、ホルンが鳴り響いた。するとハンガリー全軍はアウクスブルクの包囲を解きレヒ川に向かった。

どうしたのか？

生前、反オットー陣営として鳴らしたアルヌルフ二世の息子ベルトルトが、ハンガリーの指揮官に仇敵オットー軍の接近を知らせたのである。ハンガリー軍はオットー軍との会戦に臨んだ。場所はレヒ川沿いの平原レヒフェルトである。

国の興亡をかけた決戦

戦場となったレヒフェルトはアウクスブルクの南、幅七キロの平原で、騎馬戦を得意とするハンガリーが断然有利な地形である。しかしオットーはあえてこの地を決戦に選んだ。もともとハンガリーは大規模な会戦を好まない。その抜群の機動力で少しでも不利となればさっと引きあげる。このヒット・アンド・アウェー戦法を封じ込めるには、餌が必要である。その餌がここレヒフェルトである。

互いの兵力の数はよくわかっていない。十二世紀の皇帝年代記にはハンガリー軍十二万八千、オットー軍二万六千とあるが、いくらなんでもこれは多すぎる。オットー軍の無敵を強調するために話を盛りに盛った数である。ハンガリー軍一万七千、オットー軍八千といったところが妥当ではないか。いずれにせよ兵力差は歴然としている。しかも戦場はレヒ川沿いの平原である。ハンガリー軍が敵を一気に捻り潰してやる、と意気込んだとしても不思議ではない。

こうして九五五年八月十日、殉教者聖ラウレンティウスの日、「レヒフェルトの戦い」が始まった。オットーにとって一か八かの戦いであった。それゆえオットーは戦いの前に「神がこの日、我々を慈しみ、勝利を与えてくだされば、私はこの勝利を称えるためにメルゼブルク司教区を設立し教会を建立いたします」と涙ながらに願をかけたのである。

土砂降りの雨が勝敗を分けた

案の定、緒戦はハンガリー優位に展開した。ハンガリーはまず敵の輜重隊を急襲した。ハンガリー軍の矢の雨でオットー軍は大混乱に陥った。ハンガリー軍は二手に分かれてオットー軍を挟み撃ちにする作戦であった。しかしこの輜重隊攻撃に時間をかけすぎた。ハンガリーはいつも略奪のために東フランクにやってくる。今回も兵たちは略奪に狂奔してしまったのだ。

そのおかげで前線で踏ん張っていた赤毛のコンラートに反撃の余裕が生まれた。コンラートはそれこそ獅子奮迅の働きをする。ハンガリー軍はたじろぐ。とはいっても多勢に無勢であることに変わりはない。オットー軍は徐々に追いつめられる。そこでオットーは父ハインリヒから受け継ぎ、今や東フランク軍のシンボルとなった「聖槍」を高々と掲げ、兵士を鼓舞する大演説を行い、自ら先頭になって敵に向かった。兵士たちは最も勇敢な最高司令官の勇姿に感極まり、我先にと彼の後を追った。ハンガリー軍は敗走を始めた。

このヴィドゥキントが伝えるシーンは、オットー賛美に傾きすぎている。ここで語られているオットーの演説は、ほとんどが古代ローマの歴史家サルディウスに拠ったものだが、古典の教養が全くといってなかったオットーがこうした演説をするというのは少し考えにくいところだ。また、いかにオットー軍の士気がハンガリー軍より勝っていたとしても、それだけでは決着がつかない。

ハンガリーの年代記によると、こうなる。ハンガリーの最も重要な武器は反射弓であった。獣骨や木片で強化されたこの反射弓は射程距離が五十メートルに達し、貫通力もオットー軍のそれよりはるかに強いという、まさに驚異の武器であった。(堀内一徳「アヴァール人とハンガリー人」奈良史学12)。しかしこの弓は湿気が多いと張力が失われ、威力が半減する。そしてこの日八月十日は異常に高温多湿で、おまけに途中から雨が降り土砂降りとなった。勝敗の決め手は案外こんなところにあったのかもしれない。

ところで勇猛果敢に戦っていた赤毛のコンラートは戦いの最中、あまりの暑さのために涼を入れようと鎧の紐を緩めたその時に敵の投げ槍に喉を貫かれ絶命している。オットーは娘婿の勇士コンラートを手厚く葬った。実はオットー朝の後に興ったザリエル朝の始祖コンラート二世はこの赤毛のコンラートの曽孫にあたる。

なお、バイエルン大公ハインリヒは病に倒れ、戦いに参加できなかった。彼は捕虜となった三人のハンガリーの君侯を病床に呼び、みずから絞首刑を言い渡した。

そんな彼も九五五年十一月一日にこの世を去る。十六年前のビルテンの戦いで負った傷（第三章）が早世の原因の一つと言われている。しかしそれにしても兄オットーに反抗を続けるかと思えば、一転して最側近となって兄を支え、さらにはよそ者としてバイエルンに乗り込み、領内の多くの敵を粛清し、反乱にも断固として対処したハインリヒはなんとも苛烈な人生を歩んだものである。終油《しゅうゆ》の際、レーゲンスブルク司教が、彼がかつてザルツブルク大司教ヘルホルトを摘眼刑に処したことへの悔恨と懺悔を勧めても、断固として拒否したというのもいかにも彼らしい。

遺されたのは父と同名のハインリヒで、この時わずか四歳、オットーは甥のバイエルン大公就任をすぐさま認め、母ユーディトが摂政となった。

彼は父と同じく野心家で、後に喧嘩公とあだ名されることになる。そしてそのあだ名通り、オットー一の後継者オットー二世や、さらにその息子オットー三世にしばしば反乱をかけるのだ。だがこれについては他書（三佐川亮宏『紀元千年の皇帝』）に譲ることにする。

「祖国の父にして皇帝」

「レヒフェルトの戦い」はオットー軍の歴史的大勝利に終わった。それは七三二年、カール大帝の祖父カール・マルテルがイスラーム勢力の侵攻を食い止めた「トゥール・ポワティエの戦い」に匹敵する快挙であった。

ヴィドゥキントによれば、オットーは大勝利の祝勝会で軍隊から「祖国の父にして皇帝」の歓呼を受けた。これは九三三年、オットーの父ハインリヒ一世が「リアーデの戦い」の勝利により、やはり軍隊から「祖国の父、強大な支配者にして皇帝」と歓呼を受けたのとそっくり同じである。しかし父ハインリヒの場合、「皇帝」の呼称はこの時限りで、後は一貫して「国王」であった。これに対してオットーは以降、「皇帝」と呼ばれることになる。

ところで古代ローマでは、皇帝即位は血統によるカエサル型、選出によるアウグストゥス型、軍事的実力行使によるインペラトール型と三パターンあると言われている。もちろんこの三つの型の組み合わせによる即位も多数ある。例えば皇帝位は世襲が当たり前というわけではないので、自分の息子に帝位を継がせるために皇帝が在位中に息子を共同皇帝に選出させ、帝位継承をスムーズにいかせるという例である（中谷功治『ビザンツ帝国』）。

さらに八〇〇年、カール大帝が即位して以来、キリスト教帝国皇帝の即位にはサン・ピエトロ大寺院での教皇による戴冠が必須アイテムとして加わってきた。

それでいくとヴィドゥキントの語るオットーの皇帝即位はインペラトール型になる。英語のエンペラーの語源であるインペラトールとは、軍の最高司令官を意味するのだからまさしく「軍が皇帝を作る」というわけである。そしてヴィドゥキントは九六二年二月二日、サン・ピエトロ大寺院で行われた教皇ヨハネス十二世によるオットーの皇帝戴冠については一切、口を噤《つぐ》んでいる。これはヴィドゥキントがローマとは違った皇帝観を抱いていたのか、あるいは教皇による戴冠儀式への反感があったのだろうか。

ヴィドゥキントの『ザクセン人の事績』はエインハルドゥスの『カロルス大帝伝』（國原吉之助訳）に範を取っている。ヴィドゥキントにとって理想の帝王はカール大帝であった。

カール大帝はサン・ピエトロ大寺院での教皇レオ三世による皇帝戴冠について「あの日が、たとい大祝日であったとしても、もし教皇の意図をあらかじめ推察できていたら、あの教会にのこのこ踏み込んだりはしなかっただろう」と述懐している。

むろんカールは皇帝戴冠を受ける気は満々であった。だが同時に皇帝という、これ以上ない重責を担うことへの慄《おのの》きもあったはずである。この述懐はこの辺のカールの心理の照り翳《かげ》りを表したものだろう。そしてなぜ教皇から戴冠を受けるのかというかすかな疑念もうかがい知ることができる。それが証拠にカール大帝は息子のルートヴィヒ敬虔王をアーヘンで教皇の関与なしに自らの手で皇帝に即位させている。この故事からヴィドゥキントは教皇の手による皇帝戴冠を黙殺したのかもしれない。

ヴィドゥキントの語るインペラトール型は「軍人皇帝」である。そして軍人皇帝は往々にして覇道専横となり、その末路は哀れである。つまり支配の正当性を軍事力にのみ求めるのには限界があるのだ。事実、五賢帝時代の後の軍人皇帝時代、ローマ帝国は内乱に終始した。そこで人は支配の正当性を血統に求める。世襲である。さらに皇帝にはカール大帝が先鞭をつけた教皇による戴冠というキリスト教の権威が加わる。

オットーは「レヒフェルトの戦い」の大勝利後、彼自身と息子オットー二世の帝位を血統、軍隊の二つのパターンの融合とキリスト教の権威で確立しようとしたのだ。だからこそ彼はイタリア遠征を発し、教皇による戴冠を受け、生前中に息子オットー二世を共同皇帝に据え、その息子の妃にビザンツ帝国のプリンセスを迎えたのである。これがうまくいけば、有力諸侯たちによる選出はいくらでも後付けができるというわけである。オットーのその後のイタリア遠征は、この辺を物語っているといえるだろう。

歴史的勝利が意味するもの

さて、「レヒフェルトの戦い」の大勝利。

人によっては隣国の難敵ハンガリーを撃破したことにより、ドイツの民族主義が芽生えた、とする向きもある。

たしかに、オットーの父ハインリヒは九二六年にハンガリーの侵攻に手を焼いて、敵のハンガリーに貢納金を払うという屈辱的休戦条約を結んだ。そしてハインリヒはヴォルムスで宮廷会議を開き条約の是非を問うた。会議に参集したのはザクセン、シュヴァーベン、フランケン、バイエルン、ロートリンゲンの貴族である。なかには新シュヴァーベン大公ヘルマンと後に正式にロートリンゲン大公となるギーゼルベルトの顔も見える。彼ら大公や貴族たちはハインリヒの提案を受け入れ、ハンガリーに払う莫大な貢納金の分担も引き受けた。この東フランクの大公や貴族たちの臥薪嘗胆が九三三年三月十五日の「リアーデの戦い」での対ハンガリー戦の大勝利に結実したのは先に書いたとおりである（第二章）。つまりこのとき当時の東フランク王国を構成するザクセン、シュヴァーベン、フランケン、バイエルン、ロートリンゲン大公領が、日頃の割拠体制を一時的に棚上げにして一つにまとまったのもたしかである。

次に、オットーの長子のリウドルフの反乱の時である。東フランクを二分するほどの血みどろな内乱に発展したこの反乱は、当初はリウドルフ陣営有利に推移した。ところが九五四年二月、突如として形勢は逆転した。リウドルフが父オットーを追い詰めるためにハンガリーと手を結んだという事実が知らされたのである。リウドルフ陣営に加わっていた貴族たちまでもがリウドルフに背を向けオットーのもとにはせ参じ、内乱はオットー勝利のうちに終息した（第五章）。ここでもハンガリーがきっかけとなっている。

そしてこの「レヒフェルトの戦い」である。各大公領は進んで軍を供出している。つまりハンガリーという危機が東フランクをまとめたのである。それではその危機が去った後はどうなるのか？

紀元前五世紀、日頃いがみ合っていたギリシャの各都市国家は、強大なペルシャ帝国の襲来に一丸となってこの難敵に勝利した。ところがその後、その大勝利の分け前を巡って各都市国家はアテネとスパルタ陣営に分かれペロポネソス戦争という未曽有な内戦に突入している。まさに人間とは我が幕末の志士高杉晋作が喝破したように「艱難辛苦《かんなんしんく》はともに出来ても富貴はともに出来ない」といったところか。

しかし東フランク王国は違った。レヒフェルトの戦いの大勝利の後、国家としての一体感が高まっていったのである。

この東フランクがやがてドイツとなる。だとすればここで思い切って「ハンガリーがドイツを作った」という仮説を立てることができるかもしれない。

しかし、これはドイツという言葉すらなかった時代のことである。それゆえこの仮説には多くの検証を必要とするだろう。

というのも、この時の東フランクのまとまりは異教徒ハンガリーに対するもので、ドイツ人意識の誕生とは言い切れないのである。ドイツ人意識の誕生に関して言えば後述するように、対西フランク（フランス）との関係や、そしてなんと言ってもオットーが三次にわたって繰り返したイタリア遠征こそが大きな要因となったのである。

ただ、確実に言えることは一つ。それほどレヒフェルトの戦いの大勝利はその後の東フランク、引いては後のドイツにとって大きな意味を持っていたということである。

キリスト教世界の拡大

レヒフェルトの戦いの勝利の後、オットーはその余勢を駆って東フランク王国の枠組みを大きく超えたインターナショナルな皇帝への道を歩み始める。

皇帝の重要な責務の一つにキリスト教世界の防衛と拡大がある。

七九九年、カール大帝は現ドイツのミュンスター南東八十キロに位置するバーダーホルンで時の教皇レオ三世を出迎えている。バーダーホルンは当時は異教の地であったザクセンに対する三十年に及ぶ伝道の中心地であった。この地が教皇との会談の場に選ばれたのも偶然ではないということだ。そしてカール大帝はこの一年後にレオ三世による皇帝戴冠を受ける。

つまり、この故事と同じようにオットーにとってもレヒフェルトの戦いの勝利は帝位への道の第一歩であったのだ。

ハンガリーはレヒフェルトの戦いの敗北後、徐々に遊牧生活から定住農耕生活に変わっていき、キリスト教を受け入れるようになってきた。オットーは皇帝の重要な使命を一つ果たしたことになる。すると次はエルベ以東の宣教である。

宣教には根拠地が必要である。九四八年、オットーは東フランクの北と東の国境に五つの司教区を設立した。北にはシュレーズヴィヒ、アールフス、リベン司教区が設立され、ブレーメン・ハンブルク大司教区の属司教区となった。東にはブランデンブルクとハーフェルベルク司教区が設立され、マインツ大司教区の属司教区となった。

これだけでは物足りない。近年、東方教会のスラブへの浸透が進んでいる。ブルガリアがギリシャ正教を導入したことにローマ・カトリックは衝撃を受けた。オットーはこうした東方正教会、つまりはビザンツ帝国の動きを封じ込めるために、スラブ宣教の一大根拠地建設を思いついた。マクデブルク大司教区設立である。これはレヒフェルトの戦いの勝利によるオットーのみなぎる自信がなせる業であった。

しかしこのマクデブルク計画が後々、東フランク王国内において物議を醸すことになり、オットーの頭痛の種ともなるのである。

マクデブルク計画とは

マクデブルクはベルリン西南西百二十キロに位置するエルベ川沿いの町である。十六世紀、プロテスタント陣営から、「神の事務局」と呼ばれたこの町は、カトリックの保護者カール五世に頑強に抵抗し続けた。また、十七世紀の三十年戦争ではティリー率いる皇帝軍の攻撃に遭い、三日間燃え続け、陥落後はすさまじい略奪により、三万の住民のうち生き残ったのはたった五千という「マクデブルクの惨劇」を嘗《な》めている。

十世紀当時、マクデブルクはマインツ大司教区管内のハルバーシュタット司教区に属していた。オットーはハルバーシュタットをマインツ大司教区から切り離し、新しくできるマクデブルク大司教区の属司教区にしようとした。これは九四八年に設立されたブランデンブルクとハーフェルベルク司教区がマインツ大司教区の属司教区にされたことへの是正である。

つまり、こうだ。マインツはエルベからかなり離れている。それにもかかわらず、マインツはこのままでいけば、これから設立されるであろう遠く離れたエルベの東の教区への要求権を主張できるのだ。言うなれば遠隔支配である。

しかし宣教は緒に就いたばかりである。当時の宣教は異教徒との血みどろの戦を伴う。遠隔から操作してできるような生易しいものではない。オットーにしてみれば、ここはどうあっても宣教部隊のヘッドクオーターは前戦の近くに置かなければならないのだ。

つまりマクデブルク大司教区創設の狙いは、東方への宣教の一大根拠地の建設であった。これぞ東方進出への唯一無二の方策であったのである。

司教区設立には教皇の許可が必要である。オットーはフルダ修道院長ハダマーをローマに派遣した。ローマ教皇庁は東方正教会への対抗上、マクデブルク計画に賛成した。ハダマーは買収によりこの計画に対する教皇の白紙委任状を手に入れたのである。その他にハダマーはオットーの弟ブルーノのケルン大司教用のパリウム（大司教用肩衣）と、さらには将来のマクデブルク大司教用のパリウムまで持ち帰ってきた。

息子ヴィルヘルムからの反発

ハダマーのローマからの帰還によりマクデブルク計画は広く知れ渡ることになる。それまでオットーはこの計画を生前の弟ハインリヒと末弟ブルーノだけに打ち明けていた。マインツ大司教でありアルプスの北における教皇の代理人でもある息子ヴィルヘルムと、クヴェドリーンブルクをはじめ多くの修道院を建立したことで列聖される母マティルデには一切、相談しなかった。

ヴィルヘルムは父の計画に猛然と反発する。なぜなら父オットーのマクデブルク計画はマインツ大司教区とハルバーシュタット司教区の減縮となるからである。司教領や修道院は王国の中枢を担っている。これら教会勢力のトップでもあるマインツ大司教ヴィルヘルムは自らの権力基盤を脅かしかねない、教区減縮という父の計画をおいそれと飲めるものではなかったのだ。ヴィルヘルムは動いた。

彼は教皇アガペトゥス二世に宛てた手紙で父の教会政策を激越に弾劾する。まず彼はこと約二十年にわたっておきた東フランクの内戦を要約する。曰く、我々の体験した内戦は涙なしに語ることはできない。息子が父を付け狙い、父が息子を追い詰め、弟が兄に反旗を翻す。王はまともに統治できず、神の掌中の珠である司教たちは権利を奪われ、難儀を忍ばなければならなかった。なかには追放され、目をつぶされたものもいた。損失に悩まない教会は一つもなかった、と。

ヴィルヘルムはザルツブルク大司教ヘルホルトを摘眼刑に処した、今は亡き叔父ハインリヒを痛烈に批判した。さらにはケルン大司教でありながらロートリンゲン大公となったもう一人の叔父ブルーノも槍玉に挙げた。国家と教会の混同も甚だしい、と。むろんこれは父オットーの教会政策に対する弾劾である。

そしてヴィルヘルムは「マインツ大司教区の縮減とハルバーシュタット司教区の移管には金輪際同意しかねる。たとえ羊の皮を被った狼（＝フルダ修道院長ハダマーのこと）が預言者を装い、金と宝石をもってローマに赴き、現金で買ったできるだけ多くのパリウムを持ち帰るとほざいたとしても、です」と訴える。

オットーは息子の思わぬ反乱に手を焼いた。息子だけではない。ハルバーシュタット司教ベルンハルトはたとえ投獄されても反抗し続けた。彼は死ぬまでマクデブルク計画反対を貫く。

オットーはこの凄まじい反発に慌てふためき、計画を一時、棚上げにすることに決めた。というより他に喫緊の問題が持ち上がってきたのである。震源地はもちろんイタリアである。

ベレンガーリオ、再び

ヴィルヘルムの激越な抗議の手紙がローマに到着したとき、宛名人である教皇アガペトゥス二世は亡くなっていた。新教皇はかのアルベリーコ二世の私生児ヨハネス十二世である。アルベリーコは死ぬ間際、ローマの貴族たちに庶子オクタヴィアヌスを教皇に選出するよう誓わせていたのである。

しかしこれほど無理筋の教皇選出はなかった。まずは明確な教会法違反である。年齢制限に引っ掛かったのだ。ローマ・カトリックでは叙階は三十歳を過ぎていなければならない。ところがこのときオクタヴィアヌスはなんと十八歳になったばかりであった。

しかし何でもありの娼婦政治の名残の中で、この年端もいかぬ若造はオクタヴィアヌスという異教時代の皇帝の名を憚《はばか》り、ヨハネスと名を改め教皇猊下《げいか》となったのである。彼はヴィルヘルムの手紙を読み彼の肩を持つ。しかし確たる信念があったわけではない。若者は自分の地位を脅かすものが現れれば、すぐさまそのものにすり寄り忖度の限りを尽くす。そして放蕩生活に淫する。虎は死して皮を留め、人は死して名を残すというが、アルベリーコは死してとんでもない破戒僧を残したものである。

こんな教皇を手玉に取ることはベレンガーリオにとっては造作もないことであった。

そう！　ここでまたもやあのベレンガーリオが登場してくるのである。

もとよりベレンガーリオはオットーがイタリアにいない間、おとなしくしているようなタマではなかった。彼は鬼の居ぬ間に、とまたぞろ蠢《うごめ》きだしたのである。

第七章　第二次イタリア遠征

後ウマイヤ朝カリフとの和解

九五六年二月、オットーはフランクフルトで宮廷会議を招集した。この時、後ウマイヤ朝のカリフ、アブド・アッラフマーン三世の使節が首都コルドバからやってきた。使節が運んできた親書にキリスト教を誹謗する箇所があったことにオットーは怒り、その過ちをただす書簡を弟ブルーノに書かせ、ゴルツェの修道士ヨハンネスに持たせ、彼をコルドバに送った。普通、少しでもイスラームを批判する書簡の持参者は直ちに処刑される。だがヨハンネスは数ヵ月コルドバに監禁された後、ゴルツェに帰還を許され、九五七年には修道院長となっている（矢内義顕「ゴルツェのヨハンネスとイスラーム」文化論集29号）。これはオットーとカリフの和解が成立したあかしでもある。なぜ、和解が成立したのか？

アブド・アッラフマーン三世の後ウマイヤ朝は七五〇年、ダマスクスのウマイヤ朝がアッバース家（アッバース朝）により壊滅させられた時、王家の生き残りがスペインのアンダルシアに流れて樹てた王朝である。以降、八代続くが、むろん当初は国内は安定せず、地方の統制もままならなかった。ところが当代のアブド・アッラフマーン三世の卓抜な統治能力により国力は安定してきた。アブド・アッラフマーン三世は余勢を駆って九二九年にイスラーム教の首長であるカリフを名乗った。これはバクダッドのアッバース朝のカリフと、これに対抗し北アフリカに興ったファーティマ朝のカリフに対抗するための権威付けであった。ともあれ、こうしてイスラーム教世界は三人のカリフが並立することになったのである。

並立とは言うが要は三すくみ状態だったのだ。そのなかで北アフリカのファーティマ朝は国力盛んとなり、バクダッドのアッバース朝を圧倒し、さらには後ウマイヤ朝のアンダルシアに侵攻を繰り返していた。そしてアブド・アッラフマーン三世にとって厄介だったのは、イベリア半島の北・中部を占めるカスティリャ王国を中心としたキリスト教徒によるレコンキスタ（国土回復運動）が攻勢を強めているということであった。つまり当時の後ウマイヤ朝は国内は安定してきたが、対外との緊張関係を絶えず強いられていたのである。そこでこれ以上、宗教上の行き違いで対外との軋轢を増やすのは得策ではない、とアブド・アッラフマーン三世は考えたのであろう。一方でオットーもカリフとの対立を避けようとしたのは、イタリアで自立の道を歩み始めたベレンガーリオがカリフと同盟することを恐れたためでもある。かくしてオットーとカリフの和解が成立した。

そして春になると東フランクに疫病がはやる。トリーア大司教ロートベルト、フルダ修道院長ハダマーが急死する。トリーア大司教の後任にはリウドルフィング家のハインリヒが就く。他にもカンブレー、ヴュルツブルク、メッツ、ヴェルダン、オスナブリュック各司教が王家の親族で固められた。王に服従する人材を司教や修道院長に任命し、もって利己的で安心ならない世俗領主たちに対する楔とする。そのため司教たちに世俗任務を託し、教会と王権の連携を図る。これがオットーの教会政策である。彼は息子ヴィルヘルムの批判に耳を傾けることなく、しゃにむに王権と教会の一体化を進めた。

そして国内を固めたオットーは九五六年秋、息子リウドルフをイタリアに派遣する。これは、イタリア遠征を父に弓引いたリウドルフの禊《みそぎ》の機会にすべきだ、というブルーノの助言によるものである。リウドルフは敗者復活のチャンスを与えられたのだ。うまくいけば彼にはイタリア支配が待っているというわけだ。一説によるとオットーの妃アーデルハイトはこの人選に難色を示したという。義理の息子のかつての反乱は、自分と息子のオットー二世に向けられたものだ。その彼がイタリア遠征を成功させることで、再び宮廷で重きをなすのは許せない、と。アーデルハイトの夫オットーに対する影響力を考えると、これも大いに考えられるが、オットーは今回ばかりはアーデルハイトの進言を退けリウドルフをイタリアに派遣したのではないだろうか。

息子リウドルフの死

そのイタリアではベレンガーリオと息子のアーダルベルトが、九五二年にアウクスブルクでオットーの宗主権を認めたにもかかわらず、オットーが内戦と対ハンガリー戦で手いっぱいであることをいいことに、北イタリアにおける支配を確立しようとした。二人の締め付けに北イタリアの司教や貴族たちは悲鳴を上げ、オットーに急使を立てる。

そこで父に試練を課せられたリウドルフがやってきたのである。オットー自身はしつこさにかけては人後に落ちないあのヴィヒマン（若）が西フランクから舞い戻り、スラブと結託する動きを見せたため、ザクセンを離れるわけにはいかなかった。北イタリアの大半の司教や貴族たちはベレンガーリオを排除すべく、リウドルフに味方した。リウドルフはたちまちベレンガーリオとアーダルベルトを撃破し、パヴィアに入城した。そしてリウドルフはベレンガーリオ親子を取り逃がしはしたが、北イタリアを平定することができた。

しかしそのリウドルフが翌九五七年九月六日、わずか二十七歳でマッジョーレ湖の南のポムビアで急死する。死因はマラリアであった。それにしても、リウドルフの人生は哀れであった。彼は王家の長男として生まれながらも悲劇的な運命に翻弄され、異郷で夭折した。

オットーが息子の死を知ったのは、スラブのレダーリ族との戦いのための行軍中のことである。その二日後、オットーは王妃アーデルハイトの第二子ブルーノをわずか四歳で失う。これでオットーは長男リウドルフ、アーデルハイトの第一子ハインリヒ、第二子ブルーノと三人の息子を失ったことになる。残ったのは息子ヴィルヘルムと九五五年に生まれた末っ子のオットー二世だけである。
いずれにせよリウドルフの突然の死によりイタリア問題は一時期、棚上げにされる。

公文書の急増

しかしリウドルフの死は応えた。悲痛な逆縁である。気力が失せたのか、九五八年にオットーは篤い病にかかる。だが病床の彼の前にはしなければならないことが山のように積まれる。二度の内戦を克服し、長年の敵であったハンガリーを撃破したいま、急がれるのは国内の行政機構の整備である。オットーの教会政策はある程度進んだ。しかしそれも有力司教の相次ぐ死という偶然的要素に助けられての話である。マクデブルク計画は頓挫したままである。

おもえば、カロリング朝では勅令が法の基本として機能していた。王の使者である巡察吏や教会会議でコントロールされる伯爵領や司教領のネットワークが構築され、すべてが宮廷を中心として回るという支配構造が確立されていた。

それに比べればオットーの宮廷はお寒い限りである。確かにオットーは自身の戴冠式でフランケン、バイエルン、シュヴァーベン、ロートリンゲン各大公を宮内官職につけた。しかしそれは形式的なものに過ぎず、その宮内官職の具体的所管も文書で明記されていたわけではない。裁判、行政、軍事についても明確な規定がない。文書による通達もなく、至る所で自力救済による私闘が行われるアナーキーな状態となっていた。

カール大帝は冬にはアーヘンで宮廷を営んでいた。ところがオットーは冬でも馬上の人となることが一再《いっさい》ならずあった。これは先にも少し触れた巡回王権（第二章）の弊である。王宮を一ヵ所に定めることができない王権の求心力欠如を表している。そもそもヨーロッパ中世の各王国はどこも割拠体制で、国王が一つところに留まり、そこから国内全土に指令を発するという統治はできなかった。したがって定まった首都というものはなかった。神聖ローマ帝国では、特定の場所が首都機能を持ち出したのは十四世紀の皇帝カール四世の居城都市プラハあたりからだと言われている。

それまでは王は絶えず旅を繰り返し、自分の存在を国中に知らしめていたのである。王がおわすところがすなわち首都で、王はその移動宮廷で統治をおこなっていたのである。

東フランクでは統治を実効あるものにするには、王自身がその現場にいなければならなかった。カロリング朝のように王の意志を勅書等の公文書で告知するやり方はできなかった。王と貴族のコミュニケーションは対面の場で口頭により行われていたのだ。そのため王は王国の各地を巡回する。人口四百万から五百万の当時の東フランクは人口密度が一平方キロメートル当たり約十人という広漠たる大地であった。狼や熊が棲む果てしない森が広がり、一年の半分は寒く悪天候である。ここを王は移動するのである。

王の移動はすなわち宮廷の移動である。宮廷の人数は時には数千人となる。これに宮廷集会が開かれると出席貴族と従者も合わせ、人数は膨大な数になる。ところが当時の農業生産と備蓄能力を考えると、これだけの人数のための食糧を長期にわたって供給することはとてもできない相談である。宮廷が一ヵ所に留まることはできなかったわけである。王は必然的に流浪の人とならざるをえないのだ。

もっとも逆にみれば、めったに顔を見ることのない王が登場することは、王国各地にとって日常とは違ったまさに「ハレ」の事象であり、王の尊厳さを仰ぎ見ることであった。その意味で巡回王権は、王の権威を高める仕組みでもあったのである。

要するに東フランクは王と大公、伯爵、司教らとの個人的な関係（姻族ネットワーク等の人的連合）により社会が回る仕組みとなっていたのだ。そこには統一的法権力が欠如していた。これは東フランクが半ばオーラル社会で読み書きの水準が高くなかったことも一因であった。オットーの父ハインリヒは読み書きを全くしなかった。そのため文書が法の骨格をなすことがなかった。法の整備が遅れるはずである。

ところがオットーが国内の行政機構の整備に取り掛かってきたころから、東フランクの非識字者の社会が様相を変えはじめるのである。歴史叙述が重視され、教養が尊ばれるようになるのだ。そして九五二年ごろからオットーの官房では文書が増大していった。結局、オットーは生涯約四百三十以上の公文書を発することになるのだ。その公文書はすべてラテン語で書かれていた。そして当時、そのラテン語のリテラシーは聖職者が独占していた。当時、今でいうドイツ語で書かれた公文書はほとんどなかった。

そもそも「ドイツ語」という言葉が最初に文献に現れたのは八世紀のラテン語文献だと言われている。おそらくそれは当時のゲルマン語の「民衆」という名詞から派生した「民衆の」という形容詞のラテン語化で、「民衆の言葉」という意味で使われたのであろう。そして後にオットーが大軍を率いてやってきた時、イタリアの聖職者たちは「民衆の言葉」を喋る連中がやってきたと、至る所で書き、やがてそれが十一世紀ごろになって「ドイツ人」という意味で使われていったのである（清水朗『「ドイツ国」の成立と「国語」としてのドイツ語』一橋法学　第3巻　第3号）。

ここで言えることはこの頃の公文書急増は後のマクデブルク計画を含めた当時の司教区設立ラッシュと連動していたということである。司教区設立は統治機構の整備でもあった。こうして聖職者は公文書の増加と共に政務に深く関わっていくことになるのである。

オットーの文書覚醒は続き、オットーは第一次イタリア遠征の際にノヴァラの学者グンツォをその有名な蔵書ともども東フランクに迎えている。さらに晩年になると、彼はフランス人の最初のローマ教皇シルウェステル二世となるオーリヤックのジェルベールの数学、天文学に興味を示すのである。ある史家はこの現象をカール大帝の宮廷でのカロリング・ルネッサンスになぞらえてオットー・ルネッサンスと呼んでいる。

それまで目に一丁字《いっていじ》なかったオットーが読み書きを習い始めたのは、四十歳近くになってイタリア王の寡婦アーデルハイトを後妻に迎えてからである。

つまりきっかけはイタリアとの出会いである。以降、イタリアとの関係はオットーの晩年を決定づける。それはオットー個人だけではなく、東フランク王国全体の、ひいては後のドイツのありようを決定していくのである。

教皇ヨハネス十二世からのSOS

九六〇年末、レーゲンスブルクに教皇ヨハネス十二世の使者がやってきた。

別の史料によると反教皇派もオットーに使者を送り、ヨハネス十二世のローマ放逐を懇願したとある。ここらあたりがいかにもイタリアらしく一筋縄でいかないところだ。言えることは、どちらもオットーを頼るしかなかったということである。

たしかに、オットーは二度の内戦を乗り切り、難敵ハンガリーを破り、ブルグント王コンラートの後見人となることで同王国を事実上の属国とした。さらに西フランク王ルイ四世海外王が元服前の嫡男ロテールを残して逝くとすぐさま後見を弟ブルーノに命じ、もって西フランクの混乱を収めた。コルドバのカリフとも友好関係を確立し、ボヘミアを服従させ、北欧への備えを固め、エルベ以東のスラブ諸族への宣教の戦いを展開。さらにはロシアのキエフ大公妃オリガまでもが宣教師派遣を要請してくるようになった（もっともオリガは結局はビザンツ帝国で洗礼を受けることになるが）。

いまやオットーはヨーロッパの盟主となったのである。

その盟主オットーに教皇の使者はベレンガーリオの傍若無人のふるまいを訴えた。まずは五年前に東フランクがリウドルフの反乱で内戦となりバイエルン大公領が弱体化した隙を狙ってベレンガーリオが大公領のヴェローナとアクィレイアを奪取したことが挙げられた。この火事場泥棒のような行為はオットーにとって到底許せぬものであった。

さらにベレンガーリオはミラノ大司教の地位にも触手を伸ばした。それだけではなくミラノ司教区からオルタ湖に浮かぶ島を強奪しそこに要塞を築いた。次いで息子のアーダルベルトにアオスタ伯位を授け、アオスタ司教から関税収入を奪った。

九五六年、オットーの息子リウドルフが父の命令によりベレンガーリオ討伐にやってくると彼は要塞に立てこもり、カタツムリのように固く身を閉ざした。

しかしリウドルフがマラリアに斃れ、東フランクの軍勢がイタリアを離れると、ベレンガーリオは性懲りもなく攻勢にでて、リウドルフに味方した貴族や司教を攻め立てた。常にオットーに忠実であったミラノ大司教ワルトペルトは半死の状態でアルプスを越えて逃亡した。コモ司教ワルドやミラノ辺境伯オベルトも、リウトプランドを介してオットーに保護を求めた。ちなみにちょうどこの頃はオットーが病にかかっていた時である。

リウトプランドは最初ベレンガーリオに仕えていたが、九五〇年に不和となる。この頃はオットーの懐の深くに入り込み、クレモナ司教に任命されていた。彼は自著『報復の書』でベレンガーリオとその妃ウィラをさんざんこき下ろしているが、ちょっと激越すぎる。しかし彼がオットーのイタリア遠征の重要な助言者であったことは間違いない。

さて、ベレンガーリオはさらに侵食を重ね、教皇領であるラヴェンナを占領し、そこからスポレートまで侵攻する。そしてベレンガーリオはオットーの介入を恐れ、イタリアの司教たちに忠誠の証として人質を供出するよう要請した。

そしてなんといっても決定的だったのは、ベレンガーリオが息子のアーダルベルトを直接ローマに侵入させたことであった。ローマの主である教皇ヨハネス十二世はパニックに陥った。なにしろこのとき彼はわずか二十三歳の若造に過ぎなかった。彼は九五五年、亡き父アルベリーコ二世の遺言により教皇になっている。それは教会法が定める叙階年齢の三十歳に達するはるか前の十八歳の時のことである。それでも気質が優れていればまだしも、軽佻浮薄《けいちょうふはく》を絵にかいたような人物であった。彼はオットーに助けを求めた時から三年後の九六三年に、ほかならぬそのオットーにより教皇を廃位させられているが、その際の彼に対する告発状は背教、殺人、虚偽の宣誓、聖遺物窃盗、近親相姦、悪魔の呼び出し、ビザンツとの結託と内戦の準備等々と、これでもかと彼の罪状を挙げている。もっともこれらがすべて信用できるとは言い難い。しかし火の無いところに煙は立たないという、やはり教皇ヨハネス十二世は稀代の破戒僧であったようだ。

そんな彼は恐怖に駆られてただ闇雲にオットーに助けを求めたのである。

こうして教皇の使者はベレンガーリオの暴挙を数え上げ、ローマの救済を懇願し、そして皇帝戴冠を申し出たのである。これは正式な要請であった。それが証拠に要請書にはミラノ大司教、コモ、ノヴァラ各司教、ミラノ辺境伯らの貴族も名を連ねていた。

皇帝即位を見据えて

九五七年のリウドルフの死のショックと、九五八年の自身の大病から立ち直りつつあったオットーは、教皇の使者の要請と申し出に心動かされる。

十年前、現教皇のヨハネス十二世の父アルベリーコにより阻止された皇帝即位が現実味を帯びてきたのだ。自分は事実上の皇帝ではあるが、称号がない。軍隊に「皇帝」と歓呼されたとしても、法的裏付けがない。先に書いたように軍隊が作った軍人皇帝は、古来、総じて末路が哀れである。さらにはカール大帝によりキリスト教帝国として復活したローマ帝国では教皇なしには帝冠を得ることはできない（第六章）。頓挫したままであるマクデブルク計画も教皇の認可を必要とする。ここは教皇の申し出を受けるべきである。

オットーは決意した。

さて、皇帝即位となればイタリア遠征である。しばらくは東フランクを留守にしなければならない。その間、どうするか？　オットー自身すでに五十歳に近い。当時としては高齢である。騎馬でのアルプス越えも難儀である。万一のことも考えられ得る。

そこでオットーは息子のマインツ大司教ヴィルヘルムの進言を受けて、九六一年五月、ヴォルムスで宮廷会議を招集し、六歳の息子オットー二世を共同王にすることを提案した。会議の出席者が満場一致で承認したこの共同王案は、親子の帝位継承をスムーズにするためにビザンツ帝国でしばしば行われていた手法の模倣である。そして直ちに五月二十六日、アーヘンの大聖堂でオットー二世の国王戴冠式が行われた。式を取り仕切ったのはマインツ大司教ヴィルヘルム、ケルン大司教ブルーノ、トリーア大司教ハインリヒである。オットーの息子、弟、従弟といずれもリウドルフィング家の面々である。

一説によると、このオットー二世の共同即位に伴い、オットーはオットー二世と区別するために大オットーと呼ばれるようになり、それが後の彼の通り名である「オットー大帝」となった、とある。例えばカール大帝の父ピピン三世とその祖父のピピン二世と、さらにその祖父のピピン一世を区別するためにそれぞれ小ピピン、中ピピン、大ピピンと呼ぶようにである。しかし果たしてそうなのだろうか？

オットー二世には「小」というあだ名はつかない。オットー大帝の「大」はやはり、「カール大帝」の「大」と同じく、オットーの成し遂げた事績を顕彰するものであった。しかもこの「大帝」の尊称はおくり名ではなく、彼の生前からつけられていたのである。

ちなみにオットー二世の共同王戴冠以降、歴代ドイツ王は一五三一年までここアーヘンで戴冠されることになる。

この頃になるとマクデブルク計画を巡って激しく対立していたオットーと息子ヴィルヘルムは互いに歩み寄るようになってきていた。すなわち、ハルバーシュタット司教区はマインツ大司教区の管内に留まり、九四八年に新設されたブランデンブルク司教区とハーフェルベルク司教区だけがマインツから切り離され、新設のマクデブルク大司教区に移管されるという妥協案が出され、ヴィルヘルムはこれを承諾したのだ。そんなわけでヴィルヘルムは筆頭大司教として異母弟オットー二世の国王戴冠式を取り仕切ったのである。

ところでこのような共同統治の例はカロリング朝でもあった。ロタール一世が父ルートヴィヒ敬虔王と共同王となっている。しかしオットー二世はまだ六歳で成年に達していない。異例中の異例である。逆に言えばオットーは自分の留守中における東フランクの統治に絶対の自信があったのかもしれない。とはいっても自分の名代は必要である。となればその役は僧籍にあり野心のない我が子ヴィルヘルムしかいない。さらにいままで常に自分に忠実であった弟のケルン大司教ブルーノの名前が挙がる。二人はオットー二世の摂政となった。そしてヴィルヘルムは甥のオットー二世の文書管理を、ブルーノは兄のオットーの文書管理、すなわち尚書長官の役をそれぞれ引き受けた。

最強のオットー軍

九六一年八月、アウクスブルクに大軍が集結した。

ザクセン、フランケンはオットーの直轄地である。ロートリンゲンは弟のケルン大司教ブルーノが大公を兼ね、オットーのイタリア遠征中の東フランクの摂政を拝命している。それゆえブルーノは親族の一人で彼に忠実なロートリンゲンの貴族ゴットフリートを送ってよこした。バイエルンは甥のハインリヒ喧嘩公が大公であるがこのときわずか六歳。そんなわけでこのイタリア遠征に参加した大公はシュヴァーベン大公ブルヒャルト三世だけである。つまり今次のイタリア遠征の大軍のほとんどがオットーの息がかかっている部隊と言ってもよいのだ。烏合の衆では決してない。さらにはオットーに服従したばかりのヴェンド人も遠征に加わっている。新参者は忠誠の見せ所と張り切るものだ。そしてなんといってもオットーの妃アーデルハイトがこの遠征に同行している。彼女は先のイタリア王妃である。ベレンガーリオとアーダルベルト親子をイタリア王位の簒奪者と指弾するイタリア貴族たちは、アーデルハイトに精神的支柱を見出す。

こういう軍は強い。

もともとベレンガーリオとその妃ウィラは北イタリアではすこぶる評判が悪い。オットー軍はアルプスを越えポー川を下り、ヴェローナの峡谷に差し掛かったところでベレンガーリオの率いる大軍に遭遇した。しかしベレンガーリオ軍は闘う前から内紛でバラバラだった。オットーは難なく敵を打破して進んだ。しかしまたしてもベレンガーリオは逃げ切り、難攻不落のサン・レーオの要塞（サン・マリーノの西のモンテフェルトロ湖岸）に立て籠もった。彼の妃ウィラと息子のアーダルベルトとグィード兄弟は、オルタ湖のサン・ギュリオ島の要塞に逃げ込んだ。

イタリア遠征で生まれたドイツ人意識

オットー軍はどこへ行っても大歓迎を受ける。そしていよいよローマ入城である。

しかしそう簡単な話ではない。

千年の都ローマ人は面従腹背にかけてはだれにも引けを取らない。彼らのなかには肩幅が広く、どっしりした体形で、赤みを帯びた輝く目をして当時の習慣にそぐわない異様に長い髭を蓄えたオットーがローマの支配者面をすることに反感を抱く者が少なからずいたのだ。なかにはオットーを北からやってきた残忍な征服者と見る者もいた。

しかもこのゲルマン人は早くからローマ化が進んだガリアからではなく、人口五百万たらずの東フランクという草深い田舎からやって来たというではないか。たしかに東フランクはイタリア、コルドバのカリフが支配するスペイン、そしてビザンツはおろか、政争に明け暮れる西フランクにすら経済、文化において遅れた後進国であった。

そんな東フランクの連中の話す言葉はもちろんラテン語ではない。かつてのカール大帝の大帝国の東部に住む彼らの言語は、カール大帝以来「民衆の言葉」と呼ばれていた。中世ラテン語で言うところの lingua theodisca である。語源はゲルマン語の名詞 theudo「民衆」に求められる。そして当初、この語はもっぱら言語呼称としてのみ機能していたが、時がたつにつれてやがてその民衆言語を喋る人々をさすことになる。主としてフランケン、ザクセン、バイエルン、シュヴァーベン、チューリンゲン、フリース人をまとめて呼ぶことになる。言語呼称の言葉に「民族」という要素が加わったのである。こうした意味でのこの言葉の初出は十世紀半ばといわれている。

むろんこの言葉を使用したのはイタリア王国とローマの人々である。彼らは東フランクからアルプスを越えて大挙してやってきた連中を、恐らく侮蔑と恐怖の感情を交えながら「民衆野郎」とでも呼んだのだろう。そしてこの語は現代英語チュートンの語源であるteutonicusとなり「ドイツ人」という意味になる。むろんあくまでもラテン人による他称用法である。「ドイツ人」が自分たちのことを「ドイツ人」と呼ぶ自称用法は十一世紀初頭以降となる（三佐川亮宏『ドイツ—その起源と前史』）。

つまり、オットーの東フランク王国の枠を大きく超えたインターナショナルなイタリア遠征は東フランク人をまとめて「ドイツ人」と呼ぶ他者からの呼称を生みだし、やがて彼ら「ドイツ人」自身が意識的に「ドイツ人」と自称するという極めてナショナルな展開となったのだ。オットーは今回の第二次イタリア遠征の後、九六六年より六年に及ぶ第三次イタリア遠征を行っている。オットーのこの三回にわたる合計十年以上のイタリア遠征は結果的にはドイツ人のドイツ人意識を醸成することになるのだ。つまりアルプスの北からやってきた侵入者たちは遠征を通じて部族を超えてまとまるようになり、ドイツ人という彼らの新しいアイデンティティを獲得したというわけである。

第八章　皇帝戴冠

教皇ヨハネス十二世への不信

先に書いたように、ベレンガーリオ親子はオットー襲来を聞いてすぐさま逃亡した。否、逃亡できたのである。ということはその逃亡を助ける彼ら親子のシンパが少なからずいたことになる。イタリアはオットーの歓迎一色というわけではなかったのだ。むろん教皇ヨハネス十二世の自堕落な生活ぶりもオットーの耳に入っていたことであろう。オットーは教皇との蜜月は長く続くことはないだろうと踏む。であるからこそオットーは皇帝戴冠を慎重に進めた。

九六一年十一月末、亡きフルダ修道院長ハダマーの甥で叔父の後を継いだハットーがローマに入り、教皇庁とオットーの皇帝戴冠について交渉を始めた。当初、戴冠式はカール大帝のようにクリスマスの日に予定されていたが、交渉が長引き年を越すことになった。ここですでにオットーと教皇ヨハネス十二世の間にお互いへの不信感が芽生えている。

結局オットーはこの年のクリスマスをパヴィアで祝い、翌年早々に、ポー川を渡り南に向かった。一月三十一日、ローマ近郊に到着。ローマを見下ろすモンテマリオの丘に陣幕を張る。

翌二月一日、凱旋通りを通ってローマに入城した。教皇が迎えに出る。オットーの随伴者はハンブルク・ブレーメン大司教をはじめとする多くの司教、それにシュヴァーベン大公ブルヒャルトら何人かの俗界領主と多数。しかしなんといってもオットーは大軍を従えている。これには「恐るべし！」と多くのローマ人が眉を顰《ひそ》めたという。

二月二日の日曜日、聖母マリアのお清めの祝いの聖燭祭当日、サン・ピエトロ大寺院で皇帝戴冠式が挙行された。オットーと妃のアーデルハイトはともに塗油を受け、皇帝と皇妃になる。

戴冠式の少し前、オットーは太刀持ちの若者に「余が聖使徒の墓の前で祈りをささげている間、汝は剣を余の頭の上に保ち続けろ！　余は余の前任者たちがローマ人の忠誠心に関していかなる経験をしたかを忘れない。災いに驚くよりも、それに前もって備えておく方が賢いというものだ」と指示したという。オットーと教皇ヨハネスの相互不信を如実に示すエピソードである。

たしかに、ある史家の言うようにオットーとヨハネスは奇妙な取り合わせである。片や幾多の試練に耐え抜いてきた経験豊かな五十歳のザクセン人。片や経験もなく軽佻浮薄でふしだらな生活を送り、若くして教皇となって皇帝を支配できると思い込んでいる二十五歳のイタリア人である。そりが合わないのはわかりきったことである。

「オットーの特許状」とは

それでも当面は波風が立たずに推移した。

まず九六二年二月十二日、サン・ピエトロ大寺院で教会会議が開かれた。主催者は教皇ヨハネス十二世である。彼はオットーのマクデブルク計画を認可するという教皇勅書を発する。そこにはオットーがレヒフェルトの戦いで異教徒ハンガリーを破ったことと彼の皇帝戴冠がリンクしていることが述べられている。

すると二月十三日、この教皇勅書のお返しとしてオットーはいわゆる「オットーの特許状」を発している。

この特許状はカール大帝が時の教皇レオ三世に与えた特権の再確認である。中部イタリアの教会領、スポレート、ベネヴェント等の公領、ナポリ、シチリアの諸都市に対する教皇の宗主権が謳われている。

しかし同時に八二四年十一月に時の皇帝ロタール一世(カール大帝の孫)と教皇エウゲニウス二世との間で交わされた協定が再確認されている。教皇に選ばれたものは即位前に皇帝の使者の立ち合いのもと皇帝に忠誠の誓いを立てなければならないというのである。

つまりは皇帝は教皇の選出権と教皇領全体に対する上級支配権を握っているのであ

る。少なくともオットーはそのつもりであった。一方、ヨハネス十二世は自分はすでに教皇なのだからこの特許状に縛られることはない、さらにはオットーはいずれローマを去りアルプスの北の田舎に帰郷するだろうと高を括っていた節がある。

特許状にはハンブルク・ブレーメン大司教アダルダークをはじめとする六人の司教、フルダ修道院長ハットー、ヘルスフェルト修道院長グントヘル、その他十五人の貴族が名を連ねている。

いずれにせよオットーにとっては最重要文書である。ヨハネス十二世がマクデブルク計画の認可を骨子とする教皇勅書を発した二月十二日の翌日に大慌てで作成されたものではもちろんない。フルダ修道院長ハットーが前年の晩秋、オットーの皇帝戴冠についての教皇庁との下交渉のためにローマに乗り込んできた時から草案が練られており、この時にはすでにフルダ修道院で完成していたのである。

フルダ修道院は現ドイツのフランクフルト・アム・マインの北東八十六キロに位置しており、七四四年、「ドイツ人の使徒」と呼ばれた聖ボニファチウスの支援を受けて設立されている。中世では宗教と文化の重要な拠点であった。優秀な学僧と祐筆《ゆうひつ》には事欠かない。彼らは深紅に色付けされた羊皮紙にカロリング朝の流儀に倣って金色のチンキで長さ一メートル、幅四十センチの「オットーの特許状」を完成させたのである。

ところがである。教皇に対する皇帝の上級支配権を伝える最も古い文書であるこの特許状のオリジナルは失われており、少し後に完成したその写しだけしか残っておらず、それは十九世紀後半まで教皇庁の奥深くの秘密文書箱の中に門外不出のまましまわれていた。そこからこの文書の偽造説が何度も浮上した。曰く皇帝の教皇に対する支配権は後から付け加えられたものであり、さもなければ教皇ヨハネス十二世がこの特許状をすんなり受け入れるわけはない云々と。しかし真相はわかっていない。

いずれにせよ、オットーとヨハネスはしばらくは同床異夢を見ることになる。

多忙を極めた三年間

さてここから、九六五年早々にオットーが故郷ザクセンに戻るまでの約三年間、事態はめまぐるしく動く。以下、時系列に従ってオットーの動きをみていくことにする。

まず九六二年二月十四日、すなわち「オットーの特許状」を公開した翌日、オットーはローマを後にして、フィレンツェの北東六十一キロにあるルッカに入城。トスカーナでキリスト教を最初に受容した都市である。ここを拠点にオットーはトスカーナを平定する。

九六二年の復活祭はパヴィアで祝う。

九六二年夏、ベレンガーリオの妃ヴィラと息子のアーダルベルトとグィード兄弟が立て籠もるオルタ湖に浮かぶサン・ギュリオ島の要塞を二ヵ月にわたって包囲する。結局、同要塞は落城。ここでオットーはウィラに自由通行権を与えて、彼女が夫のベレンガーリオが立て籠もるサン・レーオ要塞に行くことを許可する。おそらくベレンガーリオ夫妻の自主的な降伏を期待したのだろう。しかしそうはならなかった。二人はサン・レーオ要塞に立て籠もったままであった。

一方、アーダルベルトは囲みをかいくぐり、当時、イスラームの支配下にあったコルシカに逃げ込んだ。そしてそこから目と鼻の先の南フランスのラクシネトゥムに橋頭堡を築いていたイスラームとの連携を模索する。しかしオットーとの友好関係を重視しているコルドバのカリフはこの話には乗ってこない。

九六二年の秋と冬はパヴィアに滞在する。

九六三年五月、サン・レーオ要塞の包囲を決断し、夏に包囲に取り掛かる。なかなか落ちない。

前代未聞の弾劾裁判

そんなときである。教皇ヨハネス十二世が不穏な動きを見せる。教皇は「オットーの特許状」を甘く見ていた。

いずれオットーはイタリアを去り、ローマと教皇領の支配権は教皇の手中に入る、と教皇は踏んでいた。しかしどうもそうなりそうにない。オットーは支配権を握ったままである。さらにローマを後にする際も総督を残し教皇の勝手な振る舞いを許さない。これではオットーの傀儡と変わりはない。

そこで教皇はこの現状を打破するため、仇敵ともいえるアーダルベルトをひそかにローマに呼ぶことにした。

そしてこれに加えてビザンツ帝国とハンガリーに援助を乞う密使を送る。ところがこの密使がカプア近くでパンドルフ鉄頭公の手勢に捕獲され、使者の隠し持っていた手紙が押収された。事が露見し直ちにオットーに通報された。

オットーは捕まえた密使をローマに送り返し、教皇を激しく糾弾した。

ところでこの密書がビザンツに届いていたらどうなっていただろうか？

どうにもならなかっただろう。ビザンツでは皇帝ロマノス二世がこの三月に急死し、八月にニケフォロス二世フォカスが後継者に決まるまで君主不在であった。ビザンツ帝国の常で君主交代にまつわるすさまじい権力闘争が繰り広げられていたのである。さらにハンガリーといえば、「レヒフェルトの戦い」の歴史的敗北以降、かつての勢いは失せていた。

九六三年夏、それでも教皇はいよいよアーダルベルトをローマに迎えた。これはオットーと教皇の完全な決裂を意味している

九六三年十一月、オットーはサン・レーオ要塞の包囲を一時中断しローマに向かう。

十一月二日、オットー軍がテヴェレ川に差し掛かる直前、教皇はサン・ピエトロ大寺院の宝物をもってイタリア南部のカンパニアの森に逃亡。アーダルベルトはまたしてもコルシカに逃げる。

十一月三日、オットー、ローマに入城。十一月六日、教会会議を主催する。その際、オットーは教皇に自由通行権を与えることで会議出席を促している。むろん教皇は姿を見せない。

十一月二十二日の二回目の教会会議にも教皇は現れない。逆に教皇はローマに向かって教皇の伝家の宝刀である「破門」の脅しの書簡を送りつける。

十二月四日の第三回の会議にも教皇は出席せず、オットーはついに自ら告発者となり、教皇の弾劾裁判を開いた。オットーの告発内容の通訳はリウトプランドが受け持った。

背教、殺人、虚偽の宣誓、聖遺物窃盗、近親相姦、悪魔の呼び出し、ビザンツとの結託と内戦の準備等々。

この告発により、教皇ヨハネス十二世は廃位され、レオ八世が新教皇となった。これはいってしまえば教皇の首のすげ替えである。この時、レオ八世は平信徒だったので、一日で一足飛びに教皇に駆け上ったことになる。いかにも強引に過ぎる人事であった。

しかしそれにしても世俗の手による教皇の首のすげ替えとは！

こんなことは前代未聞であった。世俗は教皇を侵してはならないという、カール大帝ですら尊重していた原則をオットーは容赦なく無視したのである。まさしく無双の皇帝だった。

サン・レーオ要塞の落城

九六三年十二月、ベレンガーリオ夫妻が立て籠もっていたサン・レーオ要塞がついに落城した。ベレンガーリオ夫妻はバンベルクに移送され、ベレンガーリオは九六六年八月に死去するまでここに軟禁されることになる。ウィラは尼となり、残された二人の娘は皇妃アーデルハイトが引き取り、養育することになった。

サン・レーオ要塞の落城により、北イタリアの要塞のほとんどがオットーの手に落ちたので、オットーは東フランク軍の本隊を帰郷させることにした。

すると廃位された教皇ヨハネス十二世はチャンスとばかりに、ローマからの逃亡の際に持ってきたサン・ピエトロ大寺院の莫大な宝物を餌に、当時ローマを牛耳っていたローマ貴族とそれに連なるローマ市民に反乱をけしかけた。

ここでいうローマ市民とは無論、都市の中に土地を所有することが許されている富裕層のことを指す。中世の都市は周りを堅固な市壁で取り囲まれた城塞都市である。この城塞に住む資格と権利がある人々を「市民」という。ドイツ語でビュルガー、フランス語でブルジョワである。彼らは近代的な意味でのブルジョワの前身といってもよい。つまり名望家たちである。

一方、貴族や名望家たちに仕える人々、商工業の雇人、職人、都市の発展により増えてきた都市雑業にありつくために近郊から流れ込んできた都市難民等々は、都市の住人ではあったが決して「市民」ではなかった。それゆえ、「名もなき市民」とは中世では存在しなかったのである。彼らは「人にあらず」の扱いを受けていた。そこで、以降、貴族と「市民」をローマ人と呼ぶことにする。

さてローマ人たちは九六四年一月三日、廃教皇ヨハネスがちらつかせる餌に釣られて反乱を起こした。彼らはオットーと新教皇レオ八世を逃すものか、とテヴェレ川にかかるいくつかの橋を馬車で塞ぐという用意周到さを見せるが、オットーは歴戦のつわものである。反乱者の動きはすべて織り込み済みで、残った軍勢で、リウトプランドによれば鷹が鳥の群れを追い立てるように、反乱をあっさり鎮圧する。

反乱者たちは翌日には百人の人質を差し出しオットーに詫びを入れる。オットーは人質を教皇レオ八世に引き渡す。レオ八世はローマ人の受けを狙って人質全員を解放する。しかしこの人気取りがまもなく仇となって帰ってくる。

一月十一日、オットーはアーダルベルトを捕獲せんとローマを後にして北へ向かった。追跡に時間がかかった。アーダルベルトの支持勢力の抵抗があったからである。しかもアーダルベルトはまたしてもコルシカに逃げ込んでしまった。

廃教皇ヨハネスの乱心

さて、ローマはオットー不在となった。そうなるとまたぞろ反乱がおきる。教皇レオ八世はパヴィアに逃亡を余儀なくされた。

二月二十六日、レオ八世と入れ替わるようにして廃教皇ヨハネス十二世がローマに舞い戻ってきた。彼は教皇のラテラノ宮殿で教会会議を招集し、前年十一月にオットーが招集した教会会議の決議をすべて無効であると宣言する。そして今度は教皇レオ八世を廃位する。この教会会議のメンバーはつい三ヵ月前にレオ八世を教皇に選出したメンバーと異同がない。これもローマ人の常であると言ってしまえばそれまでだが、それにしても変節が激しすぎる。

ヨハネスの怒りは収まらず、九六〇年末、オットーに救援を要請した二人の使者を一人は舌と鼻と指三本を削ぎ、一人は右手全体を切断させた。ヨハネスによると、二人とも自分に断りなく勝手にオットーに支援要請を行い今日の事態を招いたのだ、よって罪科深重である、というのだ。まったくどの口が言うのかといったところだ。

そしてヨハネスはオットーが総督としてローマに残したシュパイアー司教を身の毛もよだつ拷問の末、なんとオットーに和解を求める使者に仕立てた。

しかしここまでくるとでたらめもいいところで、呆れて開いた口が塞がらない。

故郷・東フランクへ

オットーは怒り心頭に発した。和解なぞとんでもない話である。オットーはヨハネスを掣肘《せいちゅう》すべく軍勢を整える。

ところが五月十四日、稀代の破戒僧ヨハネスはわずか二十七歳で急死する。彼は人妻と情事を楽しんでいるとき悪魔にこめかみを襲われ、それがもとで八日も持たず息を引き取ったという。脳卒中である。

オットーはローマから二日の行程のリエティでこのことを知る。

ローマ人は慌てた。彼らは自分たちが追い出した教皇レオ八世の報復を恐れた。そこでヨハネスの後任にローマ出身のベネディクトゥス五世を新教皇にと、オットーにお伺いを立てる。

むろん、オットーは許さない。あくまでも教皇はレオ八世である。それでもローマ人はベネディクトゥスを教皇に選出した。これに対してオットーはローマを包囲する。ローマは数週間にわたって抵抗を続ける。しかし包囲は鉄壁でローマは飢餓地獄に陥る。たまらずローマは門を開けて降伏する。これが六月二十三日のことである。

ベネディクトゥス五世は三回目のローマ入城を果たしたオットーと同行のレオ八世の足元にひれ伏し詫びを入れた。そしてその後ベネディクトゥスはハンブルクへ移送されることになる。流刑である。

オットーは残務処理のため六月二十九日までローマに滞在した。

ところがこの頃、オットーの軍で疫病がはやりだした。疫病の正体はよくわかっていない。トリーア大司教ハインリヒ、ロートリンゲン貴族ゴットフリートらが命を落とす。

当時のローマの夏は高温多湿で熱帯に近い。マラリアもよく発生する。オットーは酷暑と疫病を避けるべく、ローマを離れることにした。しかし行軍中にも疫病は猛威を奮い、なかなか終息しない。彼はルッカに比較的長く滞在し、やがてパヴィアでクリスマスを過ごし、翌年早々、イタリアを去ることを決意する。

ある年代記作者はこの疫病の流行は教皇ベネディクトゥス五世をハンブルクに配流したために起きたと書いている。なんだか讃岐に流された崇徳上皇の怨霊が京の都に災厄をもたらすといった我が平安朝の怨霊信仰のような話だが、ともかくここ数年のローマを巡る情勢はまるでジェットコースターに乗っているかのように目まぐるしく変転したのである。

オットーは一月十三日、クール（現スイス東部）に到着した。いよいよ四年ぶりの帰郷である。

第九章　束の間の帰郷

堂々たる行軍

オットーはシュヴァーベン大公領を通過してザクセンに向かった。

シュヴァーベンはカロリング朝以前の部族大公領がカロリング朝の度重なる均一相続により復活した「新部族大公領」の一つである。

すでに書いたように（第二章）、オットーの父ハインリヒ一世の時代に東フランク王国はザクセン、フランケン、バイエルン、シュヴァーベン、ロートリンゲンの五大公領で構成されることになった。そしてハインリヒは各大公領の割拠を容認することで東フランクの統一を保った。しかしこの割拠体制も、オットーの統治前半の二度にわたる内戦を通じて大分様変わりしてきた。

まずザクセンは、もともとリウドルフィング家の本拠地である。次にフランケンは第一次内戦の結果、オットーの直轄地となる。バイエルンはオットーの甥ハインリヒ喧嘩公がまだ幼く、彼の母ユーディトが摂政をしている。いずれにせよルイトポルト家からリウドルフィング家の領地に替わっている。ロートリンゲンはオットーの弟ブルーノがケルン大司教と兼務して大公となっている。つまりシュヴァーベンだけがリウドルフィング家とは無縁の自立した大公領なのである。

オットーはそんな大公領を通過したのである。しかも今回は巡回王権における移動宮廷とはわけが違う。たしかにオットー軍の主力はすでにイタリアから帰還しているが、それにしても大規模な軍の通過である。しかしシュヴァーベン大公ブルヒャルト三世はいまやオットーの側近で、イタリアに従軍もしている。彼は大公領の不入の権を主張することなくオットー軍の領内通過を認めている。これはこの時点でのオットーの並びなき威勢を示す象徴的な事例である。

なにしろイタリアから帰ってきたオットーは今や東フランク王のみならず、イタリア王でもあり、皇帝であるのだ。誰が皇帝の堂々たる行軍を邪魔できようか？

ケルン宮廷会議

そんなオットーは九六五年の五月末に、ケルンで宮廷会議を開く。その際、オットーの一族が一堂に会することになった。

オットーと妃のアーデルハイト、オットーの母マティルデ、息子のオットー二世と娘のマティルデ、弟ハインリヒの寡婦ユーディトとその息子のハインリヒ喧嘩公、妹の前西フランク王妃ゲルベルガと二人の息子の西フランク王ロテールとシャルル、末弟のケルン大司教ブルーノが集まった。

ただし、オットーの二番目の妹であるユーグ大公の寡婦ハトヴィヒは出席を見合わせた。彼女の二人の息子でカペー朝の始祖ユーグ・カペーとその弟のウード・アンリは西フランク王ロテールと争っていたからである。ちなみにこの三人はいずれもオットーの甥にあたる。そしてオットーの長庶子であるマインツ大司教ヴィルヘルムも現れなかった。その理由については説が二つある。

一つは、この頃になるとヴィルヘルムは父のマクデブルク計画に賛成するようになり、今なお頑強に否定し続けるハルバーシュタット司教ベルンハルトの説得にあたっていた、という説。

今一つはこうだ。ヴィルヘルムはオットーが十七歳の時に捕虜となったスラブ族の君侯の娘に産ませた庶子である。オットーがスラブ語を比較的自由に操ることができたのは彼女のおかげであるといわれている。ともあれ、ヴィルヘルムにはスラブの血が入っている。自由を欲するスラブ族の心境がよく理解できる。スラブを人でなし、悪魔の手先とみなし、マクデブルクを拠点に力ずくで宣教を進めようとする父のやり方が気に食わない。父のマクデブルク計画に理解を示すようになったが、もろ手を挙げて賛成しているわけではない。そんなわけで家族集会も居心地が悪い。

果たしてどうなのか。おそらく両説相混じった複雑な心境でヴィルヘルムは集会参加を見合わせたのだろう。

ブルーノが西フランクの後見人に

それはともかく、この時のいわば家族集会は西フランクとの関係強化が主眼となった。オットーの妃アーデルハイトと最初の夫である亡きイタリア王ロタール二世との間にできた娘エマがオットーの甥でもある西フランク王ロテールに嫁ぐことが決まった。これは前年のアーデルハイトの弟コンラートと前西フランク王ルイ四世海外王の娘で、これまたオットーの姪にあたるマティルド・ド・フランスの結婚に次ぐ西フランクとの連携政策の第二弾であった。

この連携政策をスムーズに運ぶには西フランクの安定が必要である。そこでロテールの後見人であったケルン大司教兼ロートリンゲン大公ブルーノはこの家族集会の後、メロヴィング朝時代の宮廷があるコンピエーニュに赴き、ロテールと亡きユーグ大公の二人の息子ユーグ・カペーとウード・アンリの不仲を調停するのだ。そしてブルーノはこの調停の成果を見極めるために以降、九六五年十月十一日にこの世を去るまで、西フランク王国の事実上の君主として同地に留まることになる。

ところで君主一族の婚姻といえば、この家族集会にも参加したオットーとアーデルハイトの一人娘で、祖母と同名のマティルデはどうなったか？　彼女はこのとき十歳。そろそろ相手を見つけるときである。だがマティルデは翌九六六年、十一歳にしてクヴェドリーンブルク女子修道院長になった。つまりオットーは彼女を政略結婚の手駒としなかったのだ。これは、これ以上婚姻ネットワークは必要ないというオットーの自信の表れかもしれない。ちなみにヴィドゥキントの『ザクセン人の事績』はこのマティルデに献呈されたものである。

オットーが進めた中央集権化政策

話は少し前後するが、九六五年五月二十日、ザクセン辺境伯ゲーロが亡くなった。ゲーロといえばヘルマン・ビルングと並んでザクセン地方の軍事的安定とオットーの進める東方進出に欠かせない人物であった。その狡猾かつ苛烈な戦術と統治は多くの不満を呼んだが、功績は一頭地を抜いていた。オットーには一貫して忠実であった。オットーの方も彼に信頼を寄せていた。

ただし、一点、オットーはゲーロに不満を抱いたことがある。オットーの長男リウドルフの反乱の時のことだ。ゲーロはもちろん反乱に加担することはなかったが、どうもリウドルフに同情的であった節がある。オットーはそれを見逃さなかった。そのせいか同僚であるヘルマン・ビルングは伯爵から公爵へと昇格するが、ゲーロは伯のままに留め置かれていた。その鬱憤を晴らすためなのか彼は領地の拡大に努め、いつの間にかその広大な領地は「ゲーロ辺境伯領」と呼ばれるようになっていた。オットーはこのことに危惧を抱いた。

ゲーロにはオットーが名付け親となった一人息子ジークフリートがいたが、六年前に父に先立っている。つまり、ゲーロの死によりゲーロ辺境伯領が空き家となるのだ。

オットーは東フランク東部の国境が安定してきた今、一人の人間が強大な軍事力を握る弊を嫌った。そこで彼はゲーロ亡き後の辺境伯領を六つに分割する案をケルンの宮廷会議に提示し認めさせた。

先に書いたように軍を率いてのシュヴァーベン大公領通過といい、今回のゲーロ辺境伯領の細分化といい、オットーの中央集権化政策は少しずつではあるが着々と進んでいった、ということである。

ロートリンゲンを直轄

しかし先に書いたように九六五年十月十一日、弟ブルーノが四十歳で亡くなった。彼は常に兄オットーに従いかつ援《たす》けてきた。ケルン大司教とロートリンゲン大公を兼務することで、政治と教会の一体化を図る兄の教会政策を自ら体現してみせた。兄の委託を受け西フランクの党派争いを調停する役を引き受け、結局、西フランクのコンピエーニュで亡くなった。ブルーノはオットーのもろもろの政策実現のためには欠かせない人物であったのである。こんなブルーノの喪失は豊臣秀吉が弟の羽柴秀長を失ったようなものだ。

しかし嘆いていても事態は変わらない。オットーは善後策を講じる。

ケルン大司教の後任には生前のブルーノの信頼が厚かったフォルクマールを充てた。しかし彼は政治には関心が薄く、ブルーノのように政治と教会の一体化を強力に進めるタイプではなかった。したがってロートリンゲン大公を兼務することはなかった。こんなことはブルーノだからこそできたのである。他の誰にもできないことであった。

ロートリンゲンは八四三年のヴェルダン条約で中部フランクに編入された。その後、王ロタール一世は次男ロタール二世にこの地を与えた。そこで「ロタールの国」、すなわちロートリンゲンが自立した公領となる。ロートリンゲン公領はロタール二世一代で断絶し、ロートリンゲンは東フランクと西フランクの間で帰属が揺れ動く。オットーの父ハインリヒ一世のとき東フランクに編入されるが、地元貴族は容易に王権に従わない。時には独立もうかがう。ここではその伝統が脈打っている。そこにブルーノが乗り込んできた。彼は卓抜な政治手腕で地元貴族を懐柔し、ロートリンゲンと東フランクとの一体感を醸成してきた。そこでオットーはブルーノのロートリンゲン大公の後任は置かないことにした。ロートリンゲンをザクセンとフランケンのようにいくつかの伯領に分け、直轄地にするのである。

この時オットーは五十三歳。十三歳年下の末弟の死を機に彼は東フランクの中央集権化をまた一歩進めたのだ。

難航するマクデブルク計画

ブルーノの死後も教会政策は維持されなければならない。マクデブルク計画も推進されなければならない。オットーはケルンの宮廷会議の後すぐにマクデブルクで宮廷会議をひらいた。将来マクデブルク大司教座となる当地のモーリッツの修道院に裁判権をはじめとする様々な特権を与えることに決めた。多くの司教はこれに賛同した。ところがかのハルバーシュタット司教ベルンハルトだけは相変わらず猛反対であった。

ブルーノの死去の翌年九六六年のことである。

オットーは娘のマティルデをクヴェドリーンブルク女子修道院長に据えた。そして彼は娘の女子修道院長就任の祝辞を述べるようベルンハルトに要請した。しかしベルンハルトはオットーのマクデブルク計画を理由にこれをけんもほろろに断る。激怒したオットーは司教を拘禁する。だがベルンハルトはそんなことでは屈しない。それどころか彼は自分の監禁場所にオットーを呼びつけ、自分はストラ（祭服用頸垂帯）をまとい、オットーに計画変更を迫る始末である。

仕方なくオットーはベルンハルトをハルバーシュタットに戻した。そしてもう一度説得を試みようとハルバーシュタットを訪れるが、ベルンハルトは面会を拒否し、あろうことかオットーの破門までちらつかせるのだ。

さすがのオットーもこれには音を上げた。おそらくは苦笑いでも浮かべながら、マクデブルク計画の無理強いはしないという言質をベルンハルトに与えたのかもしれない。

なんだかできすぎた話だが、ベルンハルトがオットーに対してこれほど強気に出ることができたのには理由がある。ベルンハルトはオットーの母マティルデと連携をとっていたのである。後に列聖されるほど数多の修道院を設立したマティルデも、実は当初からマクデブルク計画には猛反対であった。息子ヴィルヘルムの軟化にほっとしていたオットーは、母のこの断固たる抵抗に手を焼いたのである。

かつて母と息子は激しく対立していたが、今は違う。

オットーは異母兄タンクマール、すぐ下の弟ハインリヒ、そして長男リウドルフを失っている。さらには後妻のアーデルハイトとの間にできた第一子ハインリヒと第二子ブルーノも相次いで亡くなった。そしてつい先ごろ末弟ブルーノもこの世を去った。オットーの肉親はヴィルヘルムとオットー二世、それに母しか残っていない。オットーが寂寥《せきりょう》感に襲われたとしても不思議ではない。母との関係を壊したくない！

おそらくこんな心理が働いて、オットーはマクデブルク計画を一時棚上げにしたのではないか。

だが、オットーのこの譲歩には他の要因もあった。むしろこちらが主たる要因であった。

またしてもイタリアが風雲急を告げてきたのである。

第十章　第三次イタリア遠征

ポー平原の野戦

九六五年一月、オットーがイタリアを引き揚げてからたったの数週間足らずで、イタリアはまたもや不穏な情勢になってきた。

まず、三月一日、教皇レオ八世が亡くなった。ローマ市民は次の教皇にハンブルクに流されているベネディクトゥス五世の復位を願った。もちろんオットーはこれを拒否する。教皇選出が遅れる。

この混乱を利してパヴィア伯ベルンハルトらの貴族が蜂起した。彼らはコルシカにいるアーダルベルトをイタリア王に担ぎ出した。アーダルベルトの弟グィードもこれに呼応して戦列に加わった。

九六二年にオットーが皇帝に即位して以来、イタリア王国の宰相とも言うべき尚書長官を拝命していたモデナ司教ウィードをはじめ多くの司教たちも反乱に加わった。反乱は思いのほか裾野が広がっている。

オットーは直ちにシュヴァーベン大公ブルヒャルト三世に鎮圧を命じた。オットーは反乱軍が例によってまとまりがない烏合の衆であることを見抜いていた。

こうしてブルヒャルトは六月末、ポー平原での野戦で反乱軍をいとも簡単に打ち破った。その際、アーダルベルトの弟グィードが戦死する。

アーダルベルト自身はまたもや逃げ切ることができた。それだけイタリアにはアーダルベルト派、というよりかアルプスの北のゲルマン人オットーのイタリア支配を嫌う者があちこちに点在していたということであろう。これは、その後の難渋を極めるオットーのイタリア政策を予見しているようでもある。

オットーを支えた烈女アーデルハイト

ともあれ、オットーはシュパイアー司教オトガー、クレモナ司教リウトプランドをローマに派遣して教皇レオ八世の後任人事の決着を図ることにする。

結局、十月一日、ヨハネス十三世が新教皇に選出された。

新教皇ヨハネス十三世はローマ貴族のクレシェンティウス家の出身である。同家はヨハネス十二世のトゥスクルム家とは長年敵対関係にあった。つまり今回の教皇選出もいつものようにローマ貴族の派閥争いが絡んでいたというわけである。

反ヨハネス十三世派は彼をオットーのまったくの傀儡とみなして激しい敵意を抱いた。おまけに新教皇は生来、傲慢な質であったらしく、敵には言うに及ばず、味方にもすこぶる評判が悪かった。

そんなわけでヨハネス十三世は即位後わずか十週間の十二月に反教皇派に拘束され、かつカンパニアに追放された。

ヨハネス十三世にとって頼みの綱はオットーだけとなる。翌九六六年、ヨハネス十三世は逃亡先のカンパニアからオットーに助けを求める。

一方オットーにしても、自分が選んだ教皇がこうもあっさりと追放されるとなると、皇帝としてのメンツが丸つぶれである。これは看過できない事態である。

オットーはイタリアでの自分の権威を回復し、なおかつ未だにイタリアで少なからぬ影響力を保持しているアーダルベルト一派を最終的に排除するチャンスでもあると、三度目のイタリア遠征を決意した。

九六六年八月十五日、オットーはヴォルムスで宮廷会議を招集し、第三次イタリア遠征を告げる。五年前、ここヴォルムスで共同王となった息子のオットー二世を自分の留守中の名代に指名し、弟ヴィルヘルムを後見人とした。相変わらず不穏なスラブ地域に関しては以前同様にヘルマン・ビルングに厳重な監視を命じた。

こうして九月、オットー軍はヴォルムスからアールガウ、クール、ベルゲルを通ってイタリアへ向かう。

むろん皇妃アーデルハイトも同行する。

ヨーロッパの王室において宮内長官という役職はもともと王妃付きのそれであった。なぜなら王妃は王家の財産の管理者であったからである。

つまり王妃は夫王にとって王国統治の重要なパートナーであったのである。特に初代、二代、三代といった王朝草創期にはこの傾向が強かった。それゆえ草創期の王妃には女傑が多い。ついでに言えば、このことは王家の娘たちにも言えることだ。彼女たちは王朝を切り開いていく祖父、父、兄、弟たちの放つ猛々しいエネルギーを浴びながら育っていった。

そんな彼女たちにとって他家に嫁ぐということは、実家の利益を代表する駐箚《ちゅうさつ》大使として相手国に赴任するようなものであった。

草創間もないブルグント王家に生まれ、最初はイタリア王に嫁ぎ、寡婦となって間もなくオットーに嫁ぎ、母となり皇妃となったアーデルハイトは、百年、二百年と続いた王家の人情の底冷えの中で育った貧血症気味の嫋嫋《じょうじょう》たる近世のおひいさまとは真逆であった。

彼女は出産期を除けば常にオットーと行動を共にした。イタリア遠征はオットーにとって最重要国事行為である。これにつきそうのは王妃の務めであった。それどころか彼女は今次のイタリア遠征に際して夫オットーに息子のオットー二世の共同皇帝戴冠を強く迫ったと言われている。まさしく烈女であった。

イタリア遠征の「負の遺産」

今回は第二次に比べて軍勢は少ない。前回の遠征で服従せしめた当地の貴族が提供する軍勢がある。さらには確かにイタリアにはオットー嫌いの貴族が多数いるが、逆にイタリアの安定を求めオットーになびいて自分たちの領土を安堵してもらおうとする貴族も少なくなかった。彼らは積極的に自ら兵を率いてオットー陣営にはせ参じる。そんなわけで東フランクからの軍勢が少なく済んだというわけである。

しかしそれよりもなによりも、この東フランク貴族のイタリア遠征従軍は大きな問題を孕《はら》んでいた。

「戦争遂行に必要なものが三つある。まずは金だ。次に金である。そしてさらに金である」とは十六世紀にミラノ出身の傭兵隊長の身からフランス王国元帥にまで上り詰めたジャン・ジャコモ・デ・トリヴルツィオの至言である。

戦争が金食い虫であることは昔も今も変わりがない。十世紀というあらゆるものの生産規模がはるかに少なかった時代、事情はもっと深刻であった。

封建正規軍である貴族たちは君主と封建契約を結ぶ。家臣は君主による所領安堵という

「御恩」に対し、無償の軍役の「奉公」で応えることになっている。つまり従軍に関わる費用は自腹である。しかし、いったい誰が好き好んで難所のアルプスを越え、大枚をはたいてイタリア遠征に従軍するだろうか？　それなりの見返りがなければとても出来ない相談である。

さらにヨーロッパは契約社会である。君主と家臣が交わす封建契約も、例えば無償の軍役は年間四十日まで、行軍はどこそこの川まで、あるいはどこそこの山の麓まで、これらの日数や行軍距離を超えると有償となる等々、といった風に細部にわたり定められている。

オットーはこの第三次イタリア遠征に都合六年を費やしている。従軍日数も行軍距離も封建契約をはるかに超えたものになる。だとすればオットーが貴族たちに支払う対価は膨大なものとなる。もちろんオットーにはそんな金などない。

カロリング朝時代には、イタリア遠征に従軍した貴族たちは褒賞としてイタリアでのしかるべきポストと領地をもらった。

しかしオットーの時代になると、イタリアではもともとの地元貴族に加えてカロリング朝期にアルプスの北からやってきた貴族たちもイタリアに根を張り、すっかり土着化している。彼らはよそ者を嫌う。つまりイタリアでは新参者に分けるパイは極端に少なくなっていたのだ。

そこで東フランクの貴族はイタリアではなく、東フランクにある自分たちの領地の支配権の強化を見返りとして手に入れようとする。関税権、裁判権、市場権、林業権、鉱業権等々の、本来は国王の収入源である国王大権（収益特権）をもぎ取るのである。東フランク、後の神聖ローマ帝国、すなわちドイツでは十一世紀末になるとこれらの特権はほとんどが諸侯の手にわたってしまうのである。

オットーはこれまでザクセン、フランケン、バイエルン、シュヴァーベン、ロートリンゲン各大公領の割拠体制を崩し、中央集権化を進めてきた。そのため各大公の王朝的支配権は薄まるが逆に伯爵クラスの権限が強くなる。そして彼らはイタリア遠征の従軍の対価として様々な特権を手にする。なおかつ伯爵領は世襲が当たり前となり、土着勢力と化していく。こうしてオットーの時代には約二百の有力家門がひしめくことになる。

そこでオットーは彼ら世俗領主を牽制するために司教領にも特権を授与する。司教は聖職者独身制の縛りで司教領が世襲となることはない、というのが当初の狙いだ。

ところで伯爵と同じ権能を持つ司教職はすこぶる魅力的な地位である。当時、東フランクには三十八の司教領があった。オットーはこれをフルに活用する。マインツ大司教には庶子ヴィルヘルム、ケルン大司教には弟ブルーノ、トリーア大司教には従兄弟のハインリヒをそれぞれ充てる。他にもヴュルツブルク、オスナブリュック、ヴェルダン、メッツ、カンブレー等々の司教にリウドルフィング家の面々を充てた。こうすることで傍系親族の要求を満たし、彼らを権力機構に取り込んだのである。

しかし司教職は世襲ではない。それゆえ代替わりの度に貴族たちによる熾烈な争奪戦がはじまる。そしていつの間にか多くの司教職は大貴族の次男坊三男坊の指定席となっていく。こうして聖書もろくすっぽ読んだことがなく、満足にミサを上げることも出来ない司教様が出来上がるのである。これは我が日本の平安時代、広大な寺領を持つ延暦寺や興福寺の座主《ざす》や貫主《かんす》に藤原家の子弟が就いたのと似ていなくもない。

いずれにせよ、こうなると東フランクは主権を持った聖俗諸侯の乱立となる。

オットーの中央集権政策にはオットーの狙いとは裏腹に中央集権とは逆のベクトルが働いたのである。

このイタリア政策と教会政策はオットー以降の歴代皇帝も堅持した。そのためドイツは時がたつにつれ「ドイツ三百諸侯」が割拠するグロテスクなまでの分裂状態に陥る。

つまり、こういうことだ。

オットーの度重なるイタリア遠征が、割拠体制の大公領から寄せ集められた兵たちに一つのまとまりを与えた。そんな彼らをイタリアでは「民衆の言葉を話す連中」と呼んだ。そして、そんな他称がやがて彼らの自称となりドイツ人という意識が芽生えていった。

ところがである。ドイツ人意識の芽生えを促したオットーのイタリア遠征が同時に、後のドイツの分裂状態の遠因となった。

オットーのイタリア遠征は、ドイツのまとまりと分裂という全く逆のことを同時に促したのだ。これぞまさしく歴史の皮肉であり、歴史とはつくづく一筋縄ではいかない、という証左である。

ともあれ、オットーのイタリア遠征はこういう問題を孕んでいたのである。

南イタリアへ

九六六年十一月、教皇ヨハネス十三世は逃亡先からローマに帰還し壮麗な入城式を行った。それはオットーの襲来を聞いたローマ人が手のひらを返したようにヨハネス十三世を盛大にローマにお出迎えしたからである。

しかし遅れて十二月のクリスマス直前にローマに入城したオットーはこんなことでは騙されない。彼はローマに到着するや否や、教皇を追放した十二人の首謀者を捕らえ、絞首台に送った。他のものはアルプスの北に流罪となった。ただしローマ市総督ペトゥルスだ

け は取り逃がした。

ところがほどなくその総督も捕まる。総督ペトゥルスは教皇の命により髭を剃られ、哲人皇帝マルクス・アウレリウスの騎馬像に髪の毛で吊るされた後、裸にされロバにさかさまに乗せられた。そのため彼はロバが町を練り歩いているとき、落ちないように必死になってロバの尻尾をつかまなければならなかった。その間、鞭で散々に打たれた。そして長い拘留の後に流刑に遭った。

つまりローマ市総督はこれ以上ないという恥辱の刑を受けたのである。

他にも亡くなった二人の反乱者の墓が暴かれ、遺体は四方八方にばらまかれたりしている。

こうした峻烈な処置を断行した後、オットーは九六七年二月、南イタリアに向かう。ヨハネス十三世の逃亡中、彼をかくまっていたカプア・ベネヴェント両公国のパンドゥルフ鉄頭公と良好な関係を築くためである。

オットーは鉄頭公とその弟ランドゥルフの臣従を受ける。オットーはその返礼とばかりに鉄頭公パンドゥルフにスポレートとカメリノを与える。これら一連の処置はオットーの南イタリア進出の第一歩であった。

ところが、南イタリアは形式的にはビザンツ帝国の宗主権の及ぶところである。そしてこの頃はシチリアを根城に地中海の制海権を握ったイスラームの攻撃にさらされており、安定には程遠かった。

つまりオットーは南イタリア遠征によりビザンツ帝国と直接対峙することになり、結果的には多くの厄介を背負うことになるのである。

中世最大の偽書「コンスタンティヌス大帝の寄進状」

九六七年四月、ラヴェンナでオットーと教皇ヨハネス十三世の共催の形で教会会議が開かれた。

ラヴェンナはカール大帝も滞在したことのある、当時イタリアでもっとも重要な都市のひとつで、ビザンツ帝国は今なお領有権を主張している地である。

会議には教皇ヨハネス十三世を筆頭にイタリアと東フランクの百人近い司教が参加した。ほかにブルグント王コンラート、シュヴァーベン大公ブルヒャルト三世も列席した。

オットーは会議で自身がスラブ地域で先頭に立って教会の保護者として活動したことを述べ、新たにオーデル川まで宣教が進んだことを報告した。これを受けて会議はこの地域の教会組織の整備という中心議題に移った。すなわちマクデブルク計画の正式決定である。

四月二十日、教皇はハルバーシュタット司教ベルンハルトとアルプスの北の教皇の代理人であるマインツ大司教ヴィルヘルムの同意を得ないまま、見切り発車する格好でマクデブルク大司教区設立の教皇勅書を発した。

その勅書のなかで教皇はオットーをコンスタンティヌス大帝、カール大帝に次ぐ最も偉大な皇帝であると激賞している。本心かどうかはわからない。ある史家はヨハネス十三世は「コンスタンティヌス大帝の寄進状」の実現を狙ったのではないか、と推理している。

中世最大の偽書といわれる「コンスタンティヌス大帝の寄進状」とは、いくつかの辞書の記述を借りると、大帝がハンセン病を患った時、時の教皇シルウェステル一世の洗礼により快癒したことへの感謝としてイタリアと当時の西方属州、つまり西ヨーロッパの支配を教皇に委ねるという内容が書かれており、教皇権の皇帝権に対する優越を主張しているものである。

カール大帝の教皇レオ三世による皇帝戴冠もこの寄進状を根拠として行われた。

たしかにヨハネス十三世のオットー激賞はこの寄進状を盾にあくまでも上から目線の「褒めて遣わす」といったものかもしれない。あるいは分不相応な過剰な褒詞《ほうし》を与えることで相手を増長させ自滅に追いやるという、平安時代に後白河法皇が源義経に仕掛けたような「位うち」の一つだったのかもしれない。

さて、この「コンスタンティヌス大帝の寄進状」は、どうやら八世紀ごろに偽造されたものらしい。そして十五世紀にイタリアの人文主義者ロレンツォ・ヴァッラが偽書説を唱える。

人文主義とは十五世紀イタリア・ルネッサンスの新しい精神風土の中で、ローマ法を厳密な文献学的方法で研究することを提唱した学派である。

「コンスタンティヌス大帝の寄進状」というからには大帝存命の四世紀のラテン語で書かれていなければならない。しかし寄進状には古いラテン語文献に使用されている用法とは明らかに違う箇所がいくつか見つかったというわけである。結局、十八世紀には偽書と確定されている。

すなわち十世紀にはまだ偽書と解明されてはいなかったことになる。ところが世俗側はこれを信じ切ったわけではなく、どちらかと言うと半信半疑であった。当初から疑問符がついていたらしい。それに教権と帝権の間は結局はその時の力関係で規定されており、この寄進状がすべてを律するわけでは決してなかった。事実、先に書いたようにオットーはつい四年前にヨハネス十二世を廃して代わりにレオ八世を立てるという教皇の首のすげ替えを断行している。教皇権の皇帝権への優越などどこ吹く風の所業である。

そんなことをみれば教皇ヨハネス十三世のオットー激賞は、自身の身の安全を図っての単なる追従であったのかもしれない。

いずれにせよ教皇とオットーの間が少しぎくしゃくするのはもっと後のことで、二人の関係はこの時点では良好であった。教皇はオットーにオットーの息子であるオットー二世を近いうちに共同皇帝に戴冠させるのにやぶさかでないとリップサービスまでしている。

ちなみにこの教皇勅書は羊皮紙に書かれている。当時、羊皮紙がパピルスに代わってかなり出回っていたものの、教皇庁は相変わらずパピルスにこだわっていたが、今回のラヴェンナ教会会議から公文書は羊皮紙にすべしとなったらしい。

第十一章　ビザンツ帝国との対立

オットーのラヴェンナ入り

ラヴェンナ教会会議にはビザンツ帝国の使節も顔を出している。ビザンツ皇帝ニケフォロス二世はオットーのラヴェンナ入りに並々ならぬ関心を抱いていた。

ビザンツはラヴェンナの領有権を放棄したわけではない。そこに東フランクの王がやってきて教会会議まで開いている。それにこの東フランク王は南イタリアのカプア、ヴェネベント、サレルノ諸侯領に対してまで主人面しているというではないか。南イタリアはビザンツの領土である。オットーの南進は紛れもなくビザンツ帝国への侵略である。これはゆゆしき事態だ。きっと糾明せずにおくものか。

一方でニケフォロス二世の目下の最大の関心事は、イスラームの侵攻をいかに食い止めるか、ということであった。ここ数年の間、クレタ、キプロス、ギリシャ、シリアはなんとか奪還することができたが、九六四年のシチリア攻撃は悲惨な結果に終わっている。イスラームを食い止めるために、東フランクと手を結ぶのが得策であるのかもしれない。

ニケフォロス二世はこうした和戦両様の構えで使節を派遣してきたのである。

息子の嫁探し

オットーもまたビザンツとの友好に興味を持つ。南イタリア進出を円滑に進めるためである。

そしてオットーはビザンツとの友好を進めるために、息子オットー二世とビザンツのしかるべきプリンセスとの縁談を画策する。相手はビザンツ皇帝ニケフォロス二世の義理の姪で先の皇帝ロマノス二世の娘アンナである。

この縁談を進めるにはオットー二世の称号が問題となる。息子にも東フランク王ではなく皇帝という肩書が欲しい。そこでオットーは息子をイタリアに呼び寄せ、共同皇帝に即位させようとしたのである。ビザンツとの釣り合いをとるためである。

要するにオットーは息子のオットー二世の縁談と、オットー自身の皇帝位とニケフォロスのそれとを互いに承認することをセットにしてビザンツとの交渉にあたるのである。

かくしてオットーは九六七年十一月、東フランクから呼び寄せた十二歳の息子オットー二世、皇妃アーデルハイトともどもローマに入城した。

オットー二世の皇帝戴冠式は何の支障もなくサン・ピエトロ大寺院において、教皇ヨハネス十三世主導で挙行された。

ちょうどこの頃、ビザンツ帝国が領有を主張していた都市ヴェネチアがオットーの支配下に入った。ヴェネチアはオットーの宗主権を認め、ロンバルディア通貨で年二十五ポンドの租税を払うことに同意した。これでヴェネチアはラヴェンナの港を手に入れ、中世東方貿易の中継地域であるレバントと東フランク間の流通の物資積み替え地としてますます重きをなすというわけである。

このようにオットーは息子の嫁取りのために着々と手をうつ。

領土問題がネックに

息子は共同皇帝になった。そしてオットーのイタリアでのプレゼンスはますます高まっていく。

しかしそれでも、あるいはそれだからこそ、息子オットー二世の縁談はなかなかまとまらなかった。

縁談交渉が長引いたのはもちろん、領土問題が主たる原因である。さらにはオットーとニケフォロス二世がともに名乗る「皇帝」という称号に対する両者の認識の違いが絡んでくる。

まずは領土問題。

オットーは息子の縁談を機にビザンツがランゴバルド諸侯領と南イタリアの領地への要求を放棄することを望んだ。ビザンツはこれと正反対の要求を出してくる。さらにはラヴエンナ、ローマの領有権まで主張するしまつである。これでは話がまとまるわけがない。

年が変わり、縁談交渉が暗礁に乗り上げたまま過ぎていった九六八年二月三日にハルバーシュタット司教ベルンハルトが、三月二日にはマインツ大司教ヴィルヘルムが、そして三月十四日にはオットーの母マティルデが相次いで亡くなった。

この三人の訃報がイタリアに届く前にオットーは三月初旬、ビザンツ領のプーリアに侵入した。そして同地のバーリ（現イタリアのプーリア州の州都）を包囲した。これは息子の縁談を有利に進め、自らの皇帝位の承認をビザンツから得るための方策であった。つまり、なんならば占拠したバーリを手放してもよいと相手の譲歩を引き出そうという寸法である。

バーリはイタリア南部東端に位置し、アドリア海に面している海岸都市だ。たとえ陸側を包囲しても海上からの物資補給は容易にできる。これを防ぐには海上封鎖しかない。しかしオットー軍には戦艦がない。そもそも東フランク軍は海戦には不慣れである。というわけでオットー軍は五月初旬、包囲一ヵ月で撤退を余儀なくされる。

再び交渉が始まる

オットーは六月、ギリシャ語が堪能な帝国官房書記のクレモナ司教リウトプランドをコンスタンティノープルに派遣する。

ニケフォロス二世はこのリウトプランドをあたかもスパイ同然に扱い、四ヵ月にわたってコンスタンティノープルに軟禁同然に留め置いた。リウトプランドはこの体験をつづるが、これが先にも挙げた有名な『コンスタンティノープル使節記』である。

リウトプランドは主著『報復の書』で、オットーの側近になる前に仕えていた、かのベレンガーリオをあしざまに罵倒しているが、こんども自分を冷遇したビザンツ皇帝ニケフォロス二世とその宮廷への恨み辛みをこれでもか、これでもかとぶちまけている。ともかくビザンツへの憎悪に満ち溢れている。ビザンツに対する情報が極端に少なかった当時、この書が唯一の情報源であり、その後のヨーロッパのビザンツ観を形成していったのである。その意味で、この『コンスタンティノープル使節記』はビザンツの東方教会と鋭く対立していたローマ・カトリックの長である教皇ヨハネス十三世がリウトプランドに依頼して書かせた反東方教会のプロパガンダである、という説もあながち無視できないのである。

それはともかく交渉はオットー二世のビザンツ皇女との結婚以外にもちろん、南イタリアの帰属問題等々と多岐にわたっているが、ここで注目したいのはオットーの「皇帝」称号問題である。

ビザンツが仕掛けてきた奇策

周知のようにカール大帝は八〇〇年のクリスマスに皇帝に即位した。これに対してビザンツがどう対応したのか？

当時、ビザンツ帝国は息子コンスタンティノス六世の眼を抉るという残虐な摘眼刑を科して権力を奪ったイレーネが、ビザンツ史上初の「女帝」として君臨していた。

しかしゲルマンの古法であるサリカ法典により女性の支配を認めないフランク王国のカールの宮廷では彼女を皇帝と認めない。であるならば皇帝は目下、空位であるということになる。だからこそカールが皇帝に即位したのである。

このような理屈でカールは使節をビザンツに送り、自身の皇帝即位を承認するように迫る。

これに対しビザンツはある奇策を逆提案する。妃を失いやもめとなっていたカールとイレーネが結婚するのはどうか、というのだ。

この時から十数年前、イレーネは自分の権力基盤を強めるために政略結婚によるフランク王国との同盟を図った。こうして息子コンスタンティノス六世とカールの娘ロトルドの婚約がなった。しかしこの頃、イレーネはビザンツ教会での偶像崇拝を復活させた。カールの宮廷はその決定に激しく反発する。しかも、漏れ聞くところによるとビザンツ宮廷は陰謀の巣窟というではないか。そんなところに大事な娘を嫁にやれるか！　と婚約は解消された。

こんな先例もあり、カールはビザンツの逆提案を峻拒する。そうこうするうちに専横を極めたイレーネは、宮廷クーデターにより追放された。

後を襲ったニケフォロス一世はカールの皇帝位を断固として認めなかった。

そしてニケフォロスはその後、対ブルガリア戦で戦死する。ビザンツは危機を迎えた。ニケフォロスの後継者ミカエル一世は、窮地を脱するためにフランクとの連携を目してカールの皇帝即位を承認した。

ただし、カールはあくまでも「フランク人の皇帝」に過ぎない。古代ローマ帝国から連綿と続いている「ローマ人の皇帝」の位は、我が方にあり、とミカエルは主張した。本家はこちらだ、というわけである。

皇帝称号を巡って

それから約百五十年の時が過ぎても、相変わらずビザンツ帝国の皇帝位に対する考えは変わらない。ビザンツ皇帝だけが唯一、輝かしき古代ローマ帝国皇帝の後継者なのである、と。

そんな時の九六八年六月、リウトプランドがオットー一世とビザンツ皇女との結婚問題と南イタリア領有問題の交渉のために、コンスタンティノープルにやってきたわけである。

同時に教皇ヨハネス十三世の書簡がビザンツ宮廷に届く。

そしてその書簡の中で教皇はニケフォロス二世をなんと「ギリシャ人の皇帝」と呼びかけている。対するにオットーのことを「崇高なローマ人の皇帝」としている。

たしかにビザンツ帝国はギリシャ語を公用語とし、ギリシャ正教を国教にしている。ギリシャ人の帝国と言ってもよい。だがそんな問題ではない。

そしてこれはビザンツに知られることはなかったが、オットーは国元のあるザクセン貴族に宛てた手紙のなかでニケフォロス二世を「コンスタンティノープルの王」と見下した表現を使っている。

皇帝称号問題に関しては、両者とも譲る気持ちは毛頭なかったのである。

当然のことながらニケフォロス二世は怒り心頭に発した。あらゆる交渉がおじゃんとなる。オットー一世の縁談どころではなくなった。

九六八年十一月、リウトプランドは仕方なくオットーのところに戻る。

新人事の狙い

ところでこの九六八年は先に書いたように、二月三日にハルバーシュタット司教ベルンハルトが、三月二日にマインツ大司教ヴィルヘルムが、そして三月十四日にオットーの母マティルデが、相次いでこの世を去った年でもある。

三人はいずれもオットーのマクデブルク計画に反対していた。三人の死が計画を実現させることになる。

まずオットーはベルンハルトの後任にヒルデヴァルトを選び、彼をイタリアに呼びつけた。ヒルデヴァルトはかつてオットーの弟ハインリヒの反乱に参加し殺されたザクセン貴族エーリヒの息子である。ヒルデヴァルトにしてみればオットーは父の仇である。そのためかオットーはヒルデヴァルトに司教杖を渡す際に、「今こそ汝の父親の人命金を受け取るがよい」と言ったという。人命金とはゲルマン法での慣習で、殺害者またはその者が属する氏族の者から被害者の氏族に支払われる金のことを言う。なんとも殺伐とした話だが、ここで肝心なことはオットーが新ハルバーシュタット司教ヒルデヴァルトからマクデブルク計画の承認を無理やりに取り付けたことである。ヒルデヴァルトは抵抗できなかった。

次にオットーはマインツ大司教ヴィルヘルムの後任にはフルダ修道院長ハットーを充て

ることにした。ハットーはオットーの皇帝戴冠の露払いの役を見事に果たしている。この人事はその論功行賞でもある。そんなハットーがマクデブルク計画に反対するわけはない。

ちなみにこのハットーと、かつてオットーの父ハインリヒ一世の暗殺を企てたとされる当時のマインツ大司教ハットーとの関係は不明である。

ついにマクデブルク大司教座が設立

こうしてオットーはこの年の十月、前年に引き続きラヴェンナで開かれた教会会議でマクデブルク大司教座設立を正式決定させたのである。

そうなると新マクデブルク大司教の人選である。

約十年前の九五九年、キエフ大公妃オリガがオットーに宣教師派遣を要請したとき、宣教司教としてキエフに送られたアーダルベルトが初代大司教に就任した。

アーダルベルトはトリーアにあるマクシミン修道院の出身である。彼のキエフ宣教は失敗に終わり、翌年には何の成果もなくすごすごと戻ってきている。そんな彼が新大司教の座を射止めたのは、オットーのイタリア遠征の間ザクセンを預かるヘルマン・ビルングの強い進言のおかげである。アーダルベルトはビルングの親族であった。

当初、オットーは別の人物を考えていたが、ビルングの要望を受け入れることにした。言うまでもないがマクデブルクはザクセンにある。オットーはイタリア遠征により本拠地ザクセンを長期にわたって留守にする。その間、ザクセンと接するスラブへの備えをはじめとして留守を預かるのはヘルマン・ビルングである。彼がいるからこそオットーは後顧の憂いなくイタリア遠征をすることができるのだ。ビルングの意向は無視できない。かくしてマクデブルク初代大司教はアーダルベルトに決まったのだ。

そしてさらに言えば、アーダルベルトとはドイツの年代記作者レギノが綴った『年代記』の続編である『レギノ（続）』の作者である。

この『レギノ（続）』はヴィドゥキントの『ザクセン人の事績』、リウトプランドの『報復の書』と並ぶ当時を知る貴重な三大史料と言われている。

そのなかでアーダルベルトの史料は九〇七年から九六七年の同時代史を綴っている。これはまさにオットー朝の正史と言ってもよい。

王朝に都合の悪い記述は極力避けるのが正史の正史たるゆえんである。そう考えるとアーダルベルトの抜擢もなんとなく頷けるところであろうか。

いずれにせよ、これでマクデブルク計画は構想されてから十三年目にしてついに日の目を見たのだ。

次々とこの世を去る肉親たち

しかしそれにしてもそのきっかけの一つが息子ヴィルヘルムの死であるとは、なんとも皮肉な話である。

ヴィルヘルムはオットーが最初の妃エドギタと結婚する直前、捕虜となったスラブの君侯の娘に産ませた庶子である。彼の母はスラブのヘヴェル族の君侯トゥグミールの姉もしくは妹と推定されている。

享年三十八歳もしくは三十九歳。早すぎる死である。彼は庶子に生まれた運命を甘んじて受け入れた。父に弓を引いたことのある異母弟リウドルフが異郷の地イタリアで亡くなった後、その亡骸を自身が大司教を務めるマインツの市壁外にある聖アルバン修道院に埋葬する仲介の労をとったのも彼である。父がイタリア遠征で長期にわたって留守をしたとき、オットー二世の摂政として東フランクをよく統治したのも彼である。

ヴィルヘルムはオットーの母、つまり自分の祖母マティルデが重病であると聞き心痛めたが、なんとその祖母より十二日早くこの世を去ってしまった。

これでオットーは第一子ヴィルヘルム、第二子リウドルフ、第三子ハインリヒ、第四子ブルーノと四人の男子を失ったことになる。

ロートリンゲン大公赤毛のコンラートに嫁いだ長女リウトガルトは早くも、九五三年にはこの世を去っている。そしてヴィルヘルムの死のわずか十二日後に母マティルデが亡くなっている。

弟ハインリヒと末弟ブルーノも先立っている。翌年のことになるがやはりオットーのイタリア遠征中の九六九年五月五日、前西フランク王ルイ四世海外王と再婚し、現西フランク王ロテールの母后におさまっていた妹ゲルベルガもこの世を去っている。ユーグ大公に嫁いだもう一人の妹ハトヴィヒはすでに九五八年に亡くなっている。西フランク王ロテールの後見になっていた弟ブルーノの死と二人の妹の死により、オットーが築いた西フランクとのネットワークがかなり疎となっていく。

要するにオットーの兄弟、子供たちで生き残っているのは息子のオットー二世と次女でクヴェドリーンブルク女子修道院長のマティルデだけである。

オットーは五十六歳にしてすでに、七人の子供のうち五人、さらには、二人の妹と二人の弟に先立たれたのだ。それにたった一人の異母兄タンクマールも、九三八年にオットーに反乱を起こし非業の最期を遂げている。

こうまで続く身内の不幸！　オットーの心中いかばかりか？　推察するしかない。

ビザンツ帝国の百鬼夜行

オットーはマクデブルク計画を実現させる傍ら、再びプーリアに侵攻した。リウトプランドがコンスタンティノープルから手ぶらで戻ってくる直前の十月のことである。

結果は芳しくない。この南イタリア遠征中に日食が起き、兵士たちは「世界の終わり」と慄いた。戦意が甚だしく下がったのも無理はない。

しかも翌九六九年にはオットーの南イタリア遠征を現地で支えてきたカプア・ベネヴェント両公国のパンドゥルフ鉄頭公がビザンツの捕虜となってしまった。勢いづくビザンツ軍はカプアを四十日間包囲する。

オットーは直ちにフランケン、ザクセン、シュヴァーベン、スポレートの軍勢を差し向ける。それによってたしかにビザンツ軍を撤退させることはできたが、大した成果ではなかった。

この間の一連の南イタリア遠征の成果らしい成果は唯一、ニケフォロス二世と手を組み暗躍していたあのアーダルベルトを、ついにイタリアから完全に追い出すことができたことぐらいである。

パンドゥルフ鉄頭公は依然としてビザンツにとらわれたままであった。

ところが九六九年末、事情が一変する。ビザンツ帝国での異変である。しかし当時のビザンツ帝国はつくづく魑魅魍魎《ちみもうりょう》の世界である。ニケフォロス二世が皇妃テオファノの手引きで寝所に忍び込んできた皇妃の愛人ヨハネス一世ツィミスケスにより暗殺されてしまったのだ。

皇妃テオファノは絶世の美女にして稀代の悪女であった。試しに巷間、ささやかれていた彼女の殺人譜を繙《ひもと》くと、次のようになる。

まず、最初の夫ロマノス二世の父コンスタンティヌス七世を毒殺、次に夫ロマノス二世を毒殺、そして今回の二人目の夫ニケフォロス二世暗殺の手引き、さらにはその下手人であり、かつ愛人であったヨハネス一世ツィミスケスの殺害等々。

話半分に聞いても身の毛のよだつところである。だが実際は、彼女が手掛けた悪行はニケフォロス二世暗殺の手引きだけであったらしい。後は後世の悪女伝説が紡ぎだしたものである（井上浩一『ビザンツ皇妃列伝』）。

そんな彼女も亡き夫の後を襲った愛人のツィミスケスの裏切りに遭い、小アジアの修道院に追放されてしまった。もっとも彼女はツィミスケスの失脚後、息子のバシレイオス二世が皇帝に即位すると皇太后としてビザンツ政界に返り咲いている。さながら百鬼夜行である。

それにしてもローマの娼婦政治といい、このビザンツの百鬼夜行といい、さすがにローマ、ビザンツという文化先進地域は政争も洗練され、かつ淫靡陰険残虐となっていくようだ。これに比べれば東フランクの内戦は単純朴訥に見え、実にわかりやすいというものだ。

ビザンツとの和平条約

さて、クーデターで手にした皇帝位は無論、盤石なわけはない。それゆえビザンツの新皇帝ヨハネス一世ツィミスケスには南イタリア問題にいつまでも関わっている余裕などない。それより国内の安定支配が先決である。そしてブルガリアを占領しコンスタンティノープルをうかがうキエフ大公国の動向の方がオットーのそれよりよっぽど気がかりであった。さらに悪いことにこの頃ファーティマ朝がエジプトまで進出し、ビザンツのキリキア、アンティオキアが脅威にさらされていた。南イタリアの領有問題に拘泥している場合ではない。

ツィミスケスは捕えていたパンドゥルフ鉄頭公を解放し、オットーとの和睦の道を選ぶ。

和平条約の骨子は以下の通りであった。

・オットーの皇帝位の承認。
・オットーのカプア、ベネヴェント、サレルモに対する宗主権の承認。
・オットー軍のプーリア、カラブリアからの撤退。
・オットー二世とツィミスケスの姪で当時十二歳のテオファノとの縁談成立。

ここで一言注意。読者よ、オットー二世の花嫁となるテオファノと、かの悪女テオファノとを混同しないようにくれぐれも注意されたい！

ともあれ、和平条約を見る限り、オットーの全面勝利と言ってよい。となると、そろそろイタリアを引き揚げる潮時である。なにしろ交渉がまとまった九七一年時点でオットーは五年間、故郷を留守にしているのだ。

終章　帰郷、そして死

遠隔統治の限界

九七一年、和平条約の締結を受けてケルン大司教ゲーロがコンスタンティノープルに派遣された。彼は翌年早々に、花嫁テオファノを連れて帰ってきた。

帰ってきたといっても東フランクにではなく、イタリアにである。

オットーのイタリア滞在はすでに五年を優に過ぎている。その間、オットーは一度も帰郷していない。となればオットーの宮廷はイタリア王国の首都パヴィアにあると言ってもよい。そしてその宮廷を取り仕切るのは皇妃アーデルハイトである。

真相はよくわからないが、どうやらアーデルハイトはこの縁談がお気に召さなかったらしい。そこでパヴィアの臨時宮廷ではテオファノを追い返せという声が上がるが、オットーはそれを許さなかった。

こうして九七二年四月十四日、オットー二世とテオファノの結婚式がサン・ピエトロ大寺院で行われ、併せて教皇ヨハネス十三世は花嫁に皇妃の戴冠を行った。

要するにオットーは今更、ビザンツと事を構えたくなかったのである。おまけに本国からの報告によると、イタリアに居ながら東フランクを統治するという遠隔統治にあちこちほころびが見えてきた、という。オットーは帰心矢の如しとなる。

それは、三年前の九六九年のケルン大司教人事にもすでに表れていた。オットー二世の花嫁テオファノを迎えに行くという大役を仰せつかったケルン大司教ゲーロは、亡くなった前任者フォルクマールの後を継いで大司教となっている。

フォルクマールが亡くなったとき、ケルンの聖職者と貴族は一致して当時、宮廷礼拝堂司祭を務めていたゲーロを後任に推薦してきた。しかしイタリアに居るオットーは難色を示した。そのため人事はなかなか決まらず、決着はその年の復活祭までかかってしまった。

名前からもわかるように、新大司教候補者はあのゲーロ辺境伯の甥にあたる。オットーはもうすでに亡くなっているゲーロ辺境伯がかつてリウドルフの反乱に同情を寄せたこと、そしてザクセンの地で強大な軍事力を握っていたことを苦々しく思い出したのかもしれない。

しかしオットーは結局、折れた。ゲーロの兄がヘルマン・ビルングの娘婿という点も譲歩の一因であるが、なんと言ってもイタリアに居る自分が遠き本国の貴族と事を構えるのは得策ではない、という判断である。

一説によれば、オットーは、復活祭の折、パヴィアの宮廷の一室にいた自分の目の前に一人の天使が現れ、汝がこの人事を認めなければ汝はこの部屋を出られないと託宣した、と言ったという。神意に従う、とでも言いたかったのだろう。悔し紛れの言い繕《つくろ》いである。それほどオットーは遠隔統治の限界を知り弱気になっていたのだ。

それからもう三年も過ぎている。オットー二世とテオファノの結婚式が無事すんだ今こそ故郷に帰る時だ。

オットー不在への不満

九七二年になると、オットーの本拠地ザクセンでは貴族の間で奇妙な噂が流れた。なんとオットーがイタリアで命を落としたというのである。その噂にザクセンは動揺し、ざわめいた。

九六八年にオットーは、スラブと手を結び執拗にオットーに反抗し続けてきたかのヴィヒマン（若）が遂に斃れたという知らせをイタリアで受け取り、これでザクセンはまずまず安泰だと思い込んでいた。

しかしそれから四年、ザクセン貴族のオットーの長期にわたる不在への不満は日増しに高まっていたのである。オットーが死んだという噂が故意に流されたとしたら、これは反乱一歩手前である。

ザクセンでのオットーの代理人であるヘルマン・ビルングは、これらザクセン貴族の不満を巧みに和らげていた。

そんなビルングがマクデブルクを訪れた。遠くイタリアでオットー二世がサン・ピエトロ大寺院で結婚式を挙げる直前のことである。

ビルングは新マクデブルク大司教アーダルベルトから大歓迎を受ける。ビルングはまるで王のように迎えられたのだ。祝宴でビルングは王の席に座り、夜には王の寝台で就寝した。

そしてビルングはこのことを直ちにイタリアのオットーに注進させるように仕組んだ。つまり、ビルングの簒奪者のような振る舞いは、オットーの長期の不在に対する抗議表明であったのだ。

後にこの警告の意味を悟ったオットーは帰郷した翌年の枝の主日（復活祭の直前の日曜日）にマクデブルクに入城する際、ビルングに勝る壮麗な入城式を行い、ビルングはビルングでその際、たくさんの従者の列に並んだという。そしてビルングは誰にもまして主君オットーの栄誉をたたえた。

君臣相交わるというところか。ところがビルングはこの直後にこの世を去っている。オットーにしてみれば片腕をもぎとられたようであっただろう。

インゲルハイムで開かれた教会会議

さて、時を戻して、九七二年七月末。オットーと皇妃アーデルハイト、オットー二世、皇妃テオファノの一行は、パヴィアを離れ、八月中旬にはアルプスを越えた。九月にはシュヴァーベンに入り、しばらく滞在した後、西フランケン（ライン・フランケン）に到着する。そしてオットーはインゲルハイムで教会会議を招集する。

会議には東フランクの六人の大司教全員が顔をそろえた。ほかに十六人の司教が列席した。オットーが自分の帰国を東フランク全体に大々的に知らせる絶好の機会である。しかし六年におよぶ不在のつけは思いの他大きかった。会議は歓迎一色というわけにはいかなかったのである。教会会議が以前のようにオットーの鶴の一声で決まる、とはならなくなっていたのだ。

会議の議題の一つにアウクスブルク司教の後任問題がある。「レヒフェルトの戦い」以来、オットーとの絆を深めていたアウクスブルク司教ウルリヒは老いた。そこで彼は引退を考える。後任のお目当ては甥のアダルベーロである。

一年前、ウルリヒは甥を連れて当時、ラヴェンナにいたオットーに会いに来た。ウルリヒの到着を知らされていなかったオットーは、喜びのあまり慌てて片方の靴を履かずにウルリヒのもとに急いだ。そしてこの時、ウルリヒはオットーから自分の後任に甥のアダルベーロを据えるという確約を得たのである。

ところがこれに対して、この度の教会会議は激しい拒絶反応を示した。教会会議はウルリヒの修道院への隠棲と甥の司教就任の願いを拒否した。アダルベーロの日頃の傲慢な態度も影響した、と言われている。

オットーは帰郷早々、出鼻をくじかれたようなものであった。

それでもオットーは帰郷をしみじみと味わう。多くの城砦、都市を訪問する。訪問先では威厳ある態度を示し、歓迎ムードは徐々に高まっていった。

マインツではヴィルヘルム、リウドルフ、リウトガルトの墓を訪れた。その後、オットーとアーデルハイトはフランクフルトでクリスマスを祝い、翌九七三年、ようやくザクセンに戻った。

そして三月、ついにマクデブルクを訪問する。マクデブルク計画が実現されたことを間近で目にすることができた。おそらく万感、胸に迫ったことであろう。この時、オットーは前述したようにヘルマン・ビルングと君臣の交わりを味わう。

しかしマクデブルク滞在は短かった。

オットーと皇妃アーデルハイト、共同皇帝オットー二世と皇妃テオファノの二組の皇帝夫妻はクヴェドリーンブルクで復活祭を祝うことにした。一行はこの地に眠るオットーの父ハインリヒ一世と母マティルデの墓に詣でる。

オットー、死の瞬間

そしてオットーは父母が眠るこの地で宮廷会議を招集した。

王国各地からの貴族はもちろん、デンマーク、ポーランド、ロシア、ボヘミア、ハンガリー、ブルガリア、ビザンツ、ローマ、ベネヴェントからも多数の使節がやってくる。さらに前年九月に亡くなった教皇ヨハネス十三世の後任ベネディクトゥス六世の使者も駆けつけてきた。

一説によるとポーランド大公ミュシェコは息子を人質に差し出した、とある。さらに大公は息子の髪の房をローマに送った。当時、髪は生命力の印とみなされ、これを送るのは人質を送るのと同じであった。つまりポーランドのキリスト教への改宗はゆるぎないという意志表示である。

ハンガリーが使節を送ってよこしたのも、キリスト教化の証であった。

ボヘミアはボレスラフ二世自身がやってきた。宮廷会議はこれに応えるかのようにプラハ司教区設立を決定する。これにより、ロシア人、ヴァラング人（ロシアにルーリック朝を建てたノルマン人）、ユダヤ人の奴隷商が集まる当時のヨーロッパ最大の奴隷市場がプラハから消えることになる。

ポーランド、デンマーク、ボヘミアはオットーの宗主権を認めた。オットーはこの宮廷会議で栄光に包まれたと言ってよい。宮廷会議の直後にファーティマ朝の使節がやってきたのも、オットーの権威を物語っている。それからオットーはメルゼベルクに宮廷を移し、コルドバのカリフの使節を謁見している。まさにオットーの名声はここに極まった。

だが、権力の絶頂に立ったときにこそ、悲劇は訪れるものだ。

その宮廷会議からわずか二ヵ月後。オットーは病に襲われ命を落とした。九七三年五月七日のことだった。

以下、ヴィドゥキントの『ザクセン人の事績』に沿って、オットーのあまりにも唐突に過ぎる死の様子を見てみよう。

この日、オットーは父ハインリヒ一世の最期の地メムレーベン宮殿を訪れていた。朝の賛歌に参列した後、休息をとっていたという。しばらくしてからミサが行われ、オットーはいつものように貧者に喜捨を行う。そして再び休息をとった後、昼食の時間になると上機嫌で起き上がりテーブルについた。午後には政務をこなし、晩の奉神礼に臨む。異変が起きたのは、その瞬間だった。福音書が歌われている最中に、オットーはにわかに発熱と疲労を感じ意識を失う。彼の近くにいた諸侯がこれに気付き、オットーを椅子に腰かけさせた。だが彼の容態は回復することなく、ついには最後の吐息を万物の創造主に向けて吐き出した。息を引き取ったオットーは寝室に運ばれ、深夜だったにもかかわらず、その死が民衆に知らされたのである。

その後、オットーの遺体はマクデブルクに移送され、マクデブルク大司教座聖堂に彼の最初の妃エドギタの遺体と並んで安置された。棺は大理石の板に覆われ、そこには「この大理石の下には悲しみの三つの理由が閉じ込められている。国王、教会の誇り、祖国の最高の栄誉が」という碑文が彫り付けられた。

オットー大帝が遺したもの

それまでオットーが築き上げてきた功績を思えば、あまりに突然の幕切れであった。享年六十歳。東フランク王在位三十七年、皇帝在位十一年の生涯であった。

ここでもう一度、オットーの生涯を振り返ってみよう。

オットーは父ハインリヒ一世の後を受けて東フランク王に即位した後、相次いで起きた異母兄タンクマールの反乱、弟ハインリヒの二度にわたる反乱、長子リウドルフの反乱を鎮圧した。そしてこの内戦の収拾過程で中央集権化政策を進めた。この政策は同時に教会組織を統治機構に取り込み、国家と教会を一体化させる教会政策を生み出した。

さらに、西フランクに対する圧倒的優位を獲得した。

「レヒフェルトの戦い」で難敵ハンガリーを打破し、東フランク王国の一体化を進めた。スラブへの宣教をしゃにむに進め、東ヨーロッパのキリスト教化を推進した。

そしてなんと言っても北イタリアを獲得し皇帝に即位した。

これはイタリア政策の始まりである。オットー以降、オットー朝（ザクセン朝）、ザリエル朝、ホーエンシュタウフェン朝の約二百九十年間の歴代皇帝が執拗にこだわり続けたこのイタリア政策が、後のドイツに与えた影響については評価の分かれるところである。

ただ確実に言えることは合計十年以上の三次にわたるイタリア遠征において、オットーにはドイツというナショナルな意識は微塵もなかったということである。あるのはカール大帝の衣鉢を継いでローマ帝国以来の帝権を確立するという極めてインターナショナルな願望だけであった。そしてこのことがオットーのあずかり知らぬところで、結果的にドイツという国家意識を醸成することになったのである。

つまりオットーのインターナショナルな行動が結果的にナショナルなものを作ったのだ。しかもそのナショナルなドイツが分裂状態に陥ることになる。つまりこれは先にも書いたように（第十章）、オットーのイタリア遠征はドイツのまとまりと分裂という全く別のことを同時に促したということになる。歴史の皮肉である。

たしかに二点間の最短距離は直線である、というのはあくまでもイデアの世界の話であり、これに対し現実の歴史は常にうねって進み、作用反作用を繰り返し、一つだけの解答をかたくなに拒否するものらしい。ただオットーを創始者とする神聖ローマ帝国が後世のドイツとヨーロッパ全体に与えた影響はすこぶる大きい。これは間違いない。

だが、当のオットーにすれば、知ったことかという話であろう。オットーの時代にはドイツなどまだ存在もしなかったのだ。

オットーは中世ヨーロッパという苛烈な世界を、忙しく、苛烈な人生を、日常のものとして生き抜いただけである。

おわりに

今から十九年前の二〇〇三年、講談社現代新書から『神聖ローマ帝国』という本を刊行した。幸いにも同書は読者諸賢に受け入れられ、多くの版を重ねることができた。

ところで、「神聖ローマ帝国」とは何か？

十六世紀になってこの大仰な国号に「ドイツ国民の」という語が付くようになった。これは古代ローマ帝国の後継国家である「神聖ローマ帝国」を「ドイツ国民」が領導するのだという宣言とみることができるが、実際は「帝国」の領域が当時のボヘミア王国（現在のチェコ）を除けば実質的には現在のドイツ、オーストリアに限定されるようになってきたことの裏返しでもあったのだ。それどころかすでに十三世紀ごろからこの「帝国」は無辺の世界国家である帝国には程遠いものとなっていた。だからこそフランスの啓蒙思想家ヴォルテールは「神聖ローマ帝国」を「神聖でもなく、ローマ的でもなく、そもそも帝国でもない」と揶揄したのである。

しかしそれにもかかわらず「帝国」は帝国の看板を下ろすことなく一八〇六年まで存続した。そしてその間、ドイツはグロテスクなまでの分裂国家となっていった。いったいどうしてなのか？　まさしく「神聖ローマ帝国」は世界史の謎なのかもしれない。

この謎の一端を一種の皇帝列伝形式で解き明かそうというコンセプトで前掲書『神聖ローマ帝国』は書かれた。

それから十九年たったわけだが、実はある心残りが払拭できないでいた。それは「物事の始まりは一」と言うが、初代神聖ローマ帝国皇帝オットー大帝に関する記述があまりにもあっさりしすぎていなかったかという懸念である。

ところでオットーがローマで皇帝に即位して以降、歴代皇帝はローマでの皇帝戴冠を目指した。そのためドイツ国内（当時の東フランク王国）の統治がおろそかになりドイツは王権が弱体化した、というのが十九世紀後半のドイツ史学界の一つの見方であった。

とはいっても「はじめに」も書いたようにオットーは十世紀の人物で、その頃はドイツという国はおろか、ドイツという言葉すらなかったのだ。逆にオットーの皇帝即位によって、ようやく東フランクの一体感が生まれたのである。その意味でオットーは後のドイツの国民感情の苗床を作ったのだと言ってよいかもしれない。

だとすればオットーについてはもっとページ数を割くべきであった。この思いが高じて一冊丸々、オットーについて語ることになった。本書はこうして出来上がった。

出来上がるためには多くの文献にお世話になった。とりわけ以下の書を大いに参考にさせてもらった。著者たちに厚く御礼を申し上げる次第だ。

Gebhardt:Handbuch der deutschen Geschichte. Bd,3 Klett-Cotta 2008
Gerd Althoff und Hagen Keller:Heinrich l. und Otto der Große:Neubeginn auf karolinngischem Erbe. 2Be.Muter-Schmidt Verlag Gleichen/Zürich 2006
Gerd Althoff:Die Ottonen. Kohlhammer 2013
Matthias Becher:Otto der Große:Kaiser und Reich Eine Biographie. C,H, Beck 2012
Helmut Hiller:Otto der Große und seine Zeit. List Verlag Müinchen 1980
Johannes Laudage:Otto der Große　Eine Biographie. Verlag Fridrich Pustet Regensburg 2012

さてそれだけでは本は刊行されない。編集者の適切なアドバイスが必要である。その意味で私は恵まれていた。講談社の人事異動で編集者が途中で交代したが、姜昌秀、黒沢陽太郎両氏には大変お世話になった。感謝しきりである。

ついでに、妻伸江にも感謝。

主要参考文献

邦文参考文献
・コルヴァイのヴィドゥキント（三佐川亮宏訳）『ザクセン人の事績』知泉書館、二〇一七年
・エインハルドゥス、ノトケルス（國原吉之助訳・註）『カロルス大帝伝』筑摩書房、一九八八年
・ジョン・キーツ（武田美代子訳）『オットー大帝　悲劇・全五幕』南雲堂、一九七七年
・エドワード・ギボン（中野好夫訳）『ローマ帝国衰亡史　1　五賢帝時代とローマ帝国衰亡の兆し』ちくま学芸文庫、一九九五年
・ジャック・ル・ゴフ（立川孝一訳）『歴史と記憶』法政大学出版局、一九九九年
・P・G・マックスウェル－スチュアート（高橋正男監修）『ローマ教皇歴代誌』創元社、一九九九年
・マグリ・クメール、ブリューノ・デュメジル（大月康弘、小澤雄太郎訳）『ヨーロッパとゲルマン部族国家』白水社文庫クセジュ、二〇一九年
・エマニュエル・トッド（堀茂樹訳）『「ドイツ帝国」が世界を破滅させる　日本人への警告』文春新書、二〇一五年
・アンリ・ピレンヌ（増田四郎監修、中村宏、佐々木克巳訳）『ヨーロッパ世界の誕生　マホメットとシャルルマーニュ』講談社学術文庫、二〇二〇年
・オーギュスタン・フリシュ（野口洋二訳）『叙任権闘争』ちくま学芸文庫、二〇二〇年
・リウトプランド（大月康弘訳）『コンスタンティノープル使節記』知泉学術叢書、二〇一九年
・フリードリヒ・ヘール、杉浦健之訳『われらのヨーロッパ　その文化的・歴史的連続性』法政大学出版

局、一九九〇年
・歴史学研究会編『世界史史料　5　ヨーロッパ世界の成立と膨張　17世紀まで』岩波書店、二〇〇七年
・五十嵐修『地上の夢キリスト教帝国』講談社選書メチエ、二〇〇一年
・池谷文夫『神聖ローマ帝国　ドイツ王が支配した帝国』刀水書房、二〇一九年
・井上浩一『ビザンツ皇妃列伝　憧れの都に咲いた花』白水Uブックス、二〇一九年
・菊池良生『生き残った帝国ビザンティン』講談社学術文庫、二〇〇八年
・菊池良生『神聖ローマ帝国』講談社現代新書、二〇〇三年
・菊池良生『傭兵の二千年史』講談社現代新書、二〇〇二年
・菊池良生『ドイツ三〇〇諸侯　一千年の興亡』河出書房新社、二〇一七年
・君塚直隆『物語　イギリスの歴史』上・下、中公新書、二〇一五年
・司馬遼太郎『街道をゆく30　愛蘭土紀行1』朝日文庫、一九九三年
・清水朗『「ドイツ国」の成立と「国語」としてのドイツ語』一橋法学　第3巻第3号、二〇〇四年
・薩摩秀登『物語　チェコの歴史　森と高原と古城の国』中公新書、二〇〇六年
・佐藤彰一『カール大帝　ヨーロッパの父』山川出版社、二〇一三年
・瀬原義生『ドイツ中世前期の歴史像』文理閣、二〇一二年
・立石博高『スペイン史10講』岩波新書、二〇二一年
・田中充子『プラハを歩く』岩波新書、二〇〇一年
・中谷功治『ビザンツ帝国　千年の興亡と皇帝たち』中公新書、二〇二〇年
・堀田善衞『スペイン断章』上・下、集英社文庫、一九九六年
・堀内一徳『アヴァール人とハンガリー人』奈良史学12号、一九九四年
・堀米庸三責任編集『世界の歴史　3　中世ヨーロッパ』中公文庫、一九七九年

・三佐川亮宏『ドイツ史の始まり　中世ローマ帝国とドイツ人のエトノス生成』創文社、二〇一三年
・三佐川亮宏『ドイツ　その起源と前史』創文社、二〇一六年
・三佐川亮宏『紀元千年の皇帝　オットー三世とその時代』刀水書房、二〇一八年
・矢内義顕『ゴルツェのヨハンネスとイスラーム』文化論集第29号、二〇〇六年早稲田商学同攷会
・山内進『掠奪の法観念史　中・近世ヨーロッパの人・戦争・法』東京大学出版会、一九九三年
・山内進『決闘裁判』講談社現代新書、二〇〇〇年

欧文参考文献

・Allgemeine Deutsche Biographie(ADB).Bd.1-56 Duncker & Humblot Berlin 1967-71
・Neue Deutsche Biographie(NDB).Bd.1-25 Duncker & Humblot Berlin 1971-2001
・Deutsche Biographische Enzyklopädie(DBE).Bd.1-13 K. G. Saur Verlag München 1995-2003
・Deutsche Geschichte in Quellen und Darstellung. Bd.1 Reclam Stuttgart 2001
・Bruno Gebhardt et al.:Handbuch der deutschen Geschichte. Bd.3 Klett-Cotta Stuttgart 2008
・Hrsg. v. Matthias Puhle und Gabriele Köster:Otto der Große und das Römische Reich. Schnell & Steiner Regensburg 2012
・Adalbert Regino:Die Fortsetzung des Regino. F. Duncker Leipzig 1857
・Gerd Althoff und Hagen Keller:Heinrich I. und Otto der Große. Neubeginn auf karolingischem Erbe. Bd.1-2 Muster-Schmidt Verlag Gleichen/Zürich 2006
・Gerd Althoff:Die Ottonen. Königsherrschaft ohne Staat. Kohlhammer Stuttgart 2013
・Matthias Becher:Otto der Große. Kaiser und Reich. Eine Biographie. C. H. Beck München 2012
・Einhard:Vita Karoli Magni = Das Leben Karls des Großen. Reclam Stuttgart 1995

・Hans-Joachim Frölich: Strukturen der Herrschaft Ottos des Großen. Grin Verlag München 2007
・Helmut Hiller: Otto der Große und seine Zeit. List Verlag München 1980
・Johannes Laudage: Otto der Große. Eine Biographie. Verlag Friedrich Pustet Regensburg 2012
・Marcus Schmidt: Otto I.-Die politische Bedeutung der Schlacht auf dem Lechfeld im Jahr 955. Grin Verlag München 2010
・Thietmar von Merseburg: Chronik. Wissenschaftliche Buchgesellschaft Darmstadt 2011
・Eduard Vehse: Kaiser Otto der Große aus dem alten Hause Sachsen und sein Zeitalter. Webel Zeitz Leipzig 1867
・Ernst Tremp, Johannes Huber, Karl Schmuki: Stiftsbibliothek St. Gallen. Verlag am Klosterhof, St. Gallen 2007
・Karl von der Osten-Sacken, neu bearbeitet von W. Wattenbach. Aus Liudprands Werken (Die Geschichtschreiber der deutschen Vorzeit, 2. Gesamtausgabe, Bd. 29). Leipzig 2. Aufl. 1890

講談社現代新書　2685

ドイツ誕生《たんじょう》　神聖《しんせい》ローマ帝国初代皇帝《ていこくしょだいこうてい》オットー1世《せい》

二〇二二年一一月一五日第一刷発行

著者　菊池良生《きくちよしお》

発行者　鈴木章一
発行所　株式会社講談社
東京都文京区音羽二丁目一二―二一　郵便番号一一二―八〇〇一
電話　〇三―五三九五―三五二一　編集（現代新書）
〇三―五三九五―四四一五　販売
〇三―五三九五―三六一五　業務
装幀者　中島英樹／中島デザイン
印刷所　株式会社新藤慶昌堂
製本所　株式会社国宝社
定価はカバーに表示してあります　Printed in Japan

N.D.C. 234.04　237p　18cm
ISBN978-4-06-529980-7

「講談社現代新書」の刊行にあたって

教養は万人が身をもって養い創造すべきものであって、一部の専門家の占有物として、ただ一方的に人々の手もとに配布され伝達されうるものではありません。

しかし、不幸にしてわが国の現状では、教養の重要な養いとなるべき書物は、ほとんど講壇からの天下りや単なる解説に終始し、知識技術を真剣に希求する青少年・学生・一般民衆の根本的な疑問や興味は、けっして十分に答えられ、解きほぐされ、手引きされることがありません。万人の内奥から発した真正の教養への芽ばえが、こうして放置され、むなしく滅びさる運命にゆだねられているのです。

このことは、中・高校だけで教育をおわる人々の成長をはばんでいるだけでなく、大学に進んだり、インテリと目されたりする人々の精神力の健康さえもむしばみ、わが国の文化の実質をまことに脆弱なものにしています。単なる博識以上の根強い思索力・判断力、および確かな技術にささえられた教養を必要とする日本の将来にとって、これは真剣に憂慮されなければならない事態であるといわなければなりません。

わたしたちの「講談社現代新書」は、この事態の克服を意図して計画されたものです。これによってわたしたちは、講壇からの天下りでもなく、単なる解説書でもない、もっぱら万人の魂に生ずる初発的かつ根本的な問題をとらえ、掘り起こし、手引きし、しかも最新の知識への展望を万人に確立させる書物を、新しく世の中に送り出したいと念願しています。

わたしたちは、創業以来民衆を対象とする啓蒙の仕事に専心してきた講談社にとって、これこそもっともふさわしい課題であり、伝統ある出版社としての義務でもあると考えているのです。

一九六四年四月　野間省一